Günther Schiwy · Der Geist des Neuen Zeitalters

Günther Schiwy

Der Geist des Neuen Zeitalters

New-Age-Spiritualität und Christentum

Kösel-Verlag München

CIP-Kurztitelaufnahme der Deutschen Bibliothek

Schiwy, Günther:
Der Geist des neuen Zeitalters : New-age-Spiritualität u. Christentum / Günther Schiwy.
– München : Kösel, 1987
ISBN 3-466-20287-6

Gesamtherstellung: Kösel, Kempten
Umschlaggestaltung: Günther Oberhauser, München,
unter Verwendung eines Mutter-Erde-Symbols der Hopi-Indianer
ISBN 3-466-20287-6

Inhalt

Weitreichender als Reformen, tiefgehender als eine Revolution hat diese beginnende Verschwörung im Hinblick auf eine neue Epoche der Menschheit die schnellste kulturelle Neuorientierung der Geschichte ausgelöst. Bei dem großen, erdbebenartigen, unwiderruflichen Umschwung, der auf uns zukommt, handelt es sich weder um ein neues politisches noch um ein religiöses oder philosophisches System. Es handelt sich um einen neuen Geist – eine aufsehenerregende, neue Sicht der Welt nimmt ihren Anfang, die bahnbrechende Erkenntnisse der Wissenschaft und Einsichten ältesten menschlichen Gedankengutes umfaßt.

Marilyn Ferguson[1]

Wir nähern uns trotz aller Fehlschläge und aller Unwahrscheinlichkeiten einem neuen Zeitalter, in dem die Welt ihre Ketten abwerfen wird, um sich endlich den Kräften ihrer inneren Affinitäten zu überlassen.

Pierre Teilhard de Chardin[2]

Ist die Kosmosgeschichte im Grunde immer eine Geistesgeschichte, das Kommenwollen zu sich und seinem Grund, dann ist die Unmittelbarkeit zu Gott in der Selbstmitteilung Gottes an die geistige Kreatur und in ihr an den Kosmos überhaupt das sinngerechte Ziel dieser Entwicklung.

Karl Rahner[3]

I. Einleitung: Das Zeitalter des Geistes Gottes?

Der Geist des Herrn erfüllt den Erdkreis.
Weisheit 1,5

Der biblische Glaube, daß der Geist Gottes den Erdkreis erfüllt, wirkt in der gegenwärtigen Krise der Menschheit wie Hohn: Atomare Vernichtung, radioaktive Verseuchung, Verelendung und Verschmutzung bedrohen nicht nur die Menschen, sondern die Existenz allen Lebens auf dieser Erde. Durch Vorkommnisse wie die Katastrophe von Tschernobyl breitet sich eine lähmende Existenzangst aus, die ganze Generationen affiziert.
In dieser Situation möchte man erwarten, daß wenigstens die Christen, vom schöpferischen Geist Gottes erfüllt, sich weltweit energisch für eine Lösung der Probleme einsetzen und jene Zeichen der Hoffnung setzen, ohne die es keine Zukunft gibt. Stattdessen hat man den Eindruck: Von kleinen Gruppen abgesehen, lassen die Christen und ihre Kirchen den Dingen eher pessimistisch ihren Lauf.
Ist der Geist Gottes deshalb in seiner Aktivität behindert, weil diejenigen, die sich auf ihn berufen und in seinem Namen zu handeln hätten, nicht sensibel genug sind, um angemessen zu reagieren?
Dem scheint nun nicht so. Denn erstaunlicherweise gibt es eine weltweite Bewegung von Menschen, die sich zwar nicht immer auf den Geist Gottes berufen in dem, was sie fühlen, denken und tun, die aber davon überzeugt sind, sich im Namen und in der Kraft höherer, göttlicher Mächte für ein »Neues Zeitalter« zu engagieren. In ihm soll die gegenwärtige Krise der Menschheit überwunden werden durch eine Mobilisierung der positiven Kräfte in uns, durch die Transformation des degenerierten Menschen der Gegenwart in den »neuen« Menschen eines »Neuen Zeitalters«. »New Age« ist das Schlagwort, mit dem die sehr

unterschiedlichen Aktivitäten bezeichnet werden. Sie kommen jedoch alle in dem »neuen Bewußtsein« überein, das Sir George Trevelyan, einer der Wegbereiter des »New Age« und Träger des »Alternativen Nobelpreises« 1982, so beschrieben hat: »Jetzt hat die Zivilisation im wahrsten Sinne des Wortes ihren Tiefstand erreicht, die Möglichkeiten einer Verwandlung sind jedoch größer als je zuvor, indem das ›Neue Zeitalter‹ anbricht und die neuen Energien fließen. Zeichen dafür sind in den geschilderten neuen Gruppen und Zentren deutlich. Die große Umwälzung – und Offenbarung – unserer Zeit ist die Wirklichkeit der lebendigen Einheit des Seins, die jetzt in unser Leben durchbricht. Das Böse, eine sehr reale Macht, ist nur der negative Aspekt dieser Energien. Sobald wir dies begreifen, können wir mit froher Erwartung aufblicken, während wir den Veränderungen entgegensehen, die sich jetzt schon über unsere Welt ausbreiten.«[4]

Angesichts einer solchen »spirituellen« (von lat. spiritus = Geist), wie die New-Age-Autoren sagen, Aufbruchsbewegung drängen sich viele Fragen auf: Ist das nicht eine Herausforderung für die übrigen Religionen, vor allem für das Christentum? Haben die New-Age-Anhänger etwa schon die Stelle der Christen eingenommen? Ist die New-Age-Bewegung nicht die neue, avantgardistische Religion des »Neuen Zeitalters«, wie es das Christentum am Ende der Antike gewesen ist? Wird es zu einer Konkurrenz zwischen den New-Age-Gläubigen und den Christen kommen? Sind die New-Age-Anhänger die modernen »anonymen Christen« (Karl Rahner), die sich intensiver und auf neuen Wegen christlich engagieren, ohne sich ihrer Christlichkeit bewußt zu sein? Ist »die sanfte Verschwörung«, wie das Buch von Marilyn Ferguson über die »persönliche und gesellschaftliche Transformation im Zeitalter des Wassermanns« betitelt ist[5], gar eine Verschwörung des göttlichen Geistes selbst, von ihm außerhalb der Kirchen angezettelt, weil es in ihnen an geeigneten Propheten und Mystikern fehlt und weil er immer noch »weht, wo er will« (Joh 3,8)? Ist die New-Age-Verschwörung der Anstoß von außen, den das Christentum braucht, um sich seiner eigenen

Um- und Irrwege, aber auch seiner eigenen geschichtsträchtigen Erfahrungen und Heilmittel bewußt zu werden, die es nun zu erwecken gilt, um in der gegenwärtigen Menschheitskrise seine Dienste anzubieten und das »Neue Zeitalter« mit heraufführen zu helfen? Braucht andererseits die New-Age-Spiritualität, damit sie nicht in überwunden geglaubte Verstrickungen des Menschen mit seinesgleichen und mit den Mächten der Natur zurückfällt, nicht die Korrektur durch das Christentum, in dem eine zweitausendjährige Geschichte der »Unterscheidung der Geister« aufgezeichnet und reflektiert ist? Ist deshalb nicht eine gegenseitige Befruchtung und Kurskorrektur wünschenswert, dem ein intensives Gespräch vorausgehen muß? Kann es dann nicht zu gemeinsamen Überlegungen und Aktionen von Christen und New-Age-Anhängern kommen, zu einer möglichst effektiven gemeinsamen »Verschwörung im Zeichen des Wassermanns«, das als Zeichen des »Zeitalters des Heiligen Geistes« interpretiert werden kann?
Bedeutet das aber nicht, Astrologie und Christentum miteinander verbinden zu wollen? Denn gemäß den okkultisch-astrologischen »großen« oder »platonischen« Weltjahren – 25 868 Jahre braucht die Sonne, um den ganzen Tierkreis zu durchwandern, wobei sie für jedes Tierzeichen etwa 2000 Jahre braucht – befänden wir uns gerade im Übergang vom christlichen Zeitalter der »Fische« in das nachchristliche, überkonfessionelle des »Wassermanns«, das als Zeitalter der Synthese bezeichnet wird. »Mit dem Wassermannzeitalter wird die Chance zu einer neuen Humanität, einer Transformation der Gesellschaft zu einer höheren Evolutions- und Bewußtseinsstufe der Menschheit verbunden. Die freiheitlich orientierte Humanität und spirituelle Ausrichtung des Wassermannzeitalters soll auch darin ihren Ausdruck finden, daß das geheime, esoterische Wissen – gerade durch die Phänomene der globalen Vernetzung auf allen Ebenen – vielen zugänglich gemacht wird und kein Geheimwissen über Sein und Schöpfung mehr darstellt, sondern vielmehr die Grundlage für eine dem inneren Wesen zugekehrte Geisteshaltung bilden soll. Der Begriff Wassermannzeitalter wie auch der Terminus ›New Age‹

wurden zuerst von Alice Bailey zu Beginn unseres Jahrhunderts verwendet. Selbstverwirklichung und ein evolutionärer Religionsbegriff einer erfahrenen und in alle Lebensbereiche expandierten Spiritualität erscheinen im Wassermannzeitalter nicht mehr voneinander getrennt.«[6]

Die Rede von einem neuen Zeitalter des Geistes erinnert an die Ideen des Zisterzienserabtes Joachim von Fiore (gestorben 1202) mit seiner trinitarischen Geschichtstheologie: Nach dem vorchristlichen Zeitalter des Vaters folge das christliche des Sohnes und schließlich das dritte und letzte Zeitalter des Heiligen Geistes, charakterisiert durch ein höheres, geistiges Verständnis der Bibel, neue mönchische Lebensformen und eine vollkommene Kirche des Geistes. Von den Franziskanern und den Spiritualen jener Zeit begrüßt, wurden die Schriften Joachims von der Kirche verworfen.

Dieses Buch ist ein erster Versuch, zur Klärung dieser Fragen beizutragen. Vor fast zwanzig Jahren habe ich die Auseinandersetzung mit aktuellen Zeitströmungen begonnen im Hinblick auf den Strukturalismus[7]. Auch da ging es um unsere Zukunft, die der Strukturalismus im Namen der Systemgebundenheit des Menschen in Frage stellte, während das Christentum das »Tor in die Zukunft« (Teilhard de Chardin) für offen hält. Eine sich anschließende Beschäftigung mit Teilhard[8] und mit der weiteren Entwicklung des Strukturalismus zum »Poststrukturalismus« und den »Neuen Philosophen«[9] führte nun zur Auseinandersetzung mit der New-Age-Bewegung, die sich auf Teilhard de Chardin beruft[10] und in der die geistigen Bewegungen der zweiten Hälfte unseres Jahrhunderts gipfeln und in derem Zeichen wir vermutlich das 21. Jahrhundert beginnen werden.

In diesem Buch wird wie auch in den meisten New-Age-Büchern viel zitiert. Das ist zugegebenermaßen ein Zugeständnis an die Mentalität des New-Age, ist es doch das Zeitalter der Synthese, des Zusammenschlusses auch im Denken, des gegenseitigen Bezeugens von Erfahrungen und Einsichten, die um so überzeugender wirken, je zahlreicher sie sind. Ferner geht es bei den zahlreichen Zitaten auch darum, die Breite und Vernetzung der New-Age-Bewegung so authentisch wie möglich zu dokumentieren, und zwar möglichst im »Originalton«. Denn mehr denn je gilt bei einer spirituellen Bewegung: der Ton macht die Musik. Auch die Vergleichstexte aus dem Christentum werden ausführlich vorgestellt, damit sich der Leser selbst ein Urteil darüber erlauben kann, wie weit die Parallelen zwischen den beiden spirituellen Bewegungen wirklich vorhanden sind beziehungsweise wie weit sie zu ein und demselben Strom des Geistes zusammenfließen.

Dieses Buch ist in der Überzeugung geschrieben worden, die Pierre Teilhard de Chardin bereits am 13. Februar 1942 in Peking geäußert hat: »Von überallher, ohne Unterschied der Heimat, der Klasse, des Berufs und der Konfession, erheben sich in diesem Augenblick Menschen, die in den unbegrenzten und organischen Dimensionen der Raum-Zeit zu denken, zu handeln und zu beten beginnen. Sie mögen von außen gesehen noch als Einzelgänger gelten. Unter sich aber spüren und erkennen sie einander augenblicklich, wenn sich ihre Lebenswege kreuzen. Und sie wissen, morgen wird die ganze Welt, da sie ihre alten Vorstellungen, ihre alten Einteilungen, ihre alten Formen verwirft, sehen und denken wie sie.«[11]

II. Die apokalyptische Situation

> Aber die übrigen Menschen, die nicht durch diese Plagen umgekommen waren, wandten sich nicht ab von den Machwerken ihrer Hände: Sie hörten nicht auf, sich niederzuwerfen vor ihren Dämonen, vor ihren Götzen aus Gold, Silber, Erz, Stein und Holz, den Götzen, die weder sehen, noch hören, noch gehen können. Sie ließen nicht ab von Mord und Zauberei, von Unzucht und Diebstahl.
>
> *Offenbarung 9,20–21*

In ähnlicher Weise wie der Geschichtsprofessor an der California State University Theodore Roszak schätzen alle New-Age-Autoren die Situation der Menschheit ein: »Die Atombombe ist das Symbol unserer apokalyptischen Situation: die Wendemarke, zu der wir nie wieder zurückkehren können, um einen anderen Weg einzuschlagen. Unsere Wahl gilt ein für allemal, und zwar für die gesamte Zukunft. Und wenn nichts mehr weiterhilft – vielleicht gibt uns die Verzweiflung (behutsam dosiert) den Mut, das Beispiellose zu wagen.«[1] Erst diese Verzweiflungssituation hat die Kräfte geweckt, die ein »Neues Zeitalter« heraufführen können. Die Atombombe mit ihren Unheilszeichen Hiroshima und Nagasaki und, so können wir heute ergänzen, die Atomenergie mit ihrem Menetekel Tschernobyl sind nur die Symbole für eine sich seit Jahrhunderten anbahnende Entfremdung des Menschen von der Natur und letztlich auch von sich selbst[2]. Weil der Mensch sich nicht mehr als Teil der Natur verstanden hat, konnte er diese als Objekt seiner Manipulation und seiner Ausbeutung betrachten.

1. Verlust und Wiedergewinn des partizipierenden Bewußtseins

In Umkehrung des berühmten Wortes von Max Weber, Wissenschaft sei »die Entzauberung der Welt«, hat Morris Berman, ein anderer Historiker unter den New-Age-Wissenschaftlern, seine Neuinterpretation der Menschheitsgeschichte aus wissenschaftlich-spiritueller Sicht »Die Wiederverzauberung der Welt« genannt. Berman interessiert das in den jeweiligen Perioden vorherrschende kollektive Bewußtsein, ob es sich als Teil des Ganzen, der Natur und des Kosmos und seiner Geheimnisse, weiß oder nicht, ob es partizipierendes oder nicht-partizipierendes Bewußtsein ist. Von der Zeit des Cromagnon-Menschen an, etwa 40000 Jahre vor Christus, bis etwa 1000 Jahre vor Christus ist das mythologische Bewußtsein vorherrschend, das sich als Teil des von Göttern belebt vorgestellten Kosmos weiß. Ab 1000 vor Christus beginnt das Individuum, sich von der Umwelt getrennt zu fühlen, Odysseus ist sozusagen der erste Intellektuelle, auf der Suche nach sich selbst, eine Entwicklung, die dann im griechischen Rationalismus von Platon und Aristoteles ihren Höhepunkt findet. Diese Epoche, gekennzeichnet durch den Konflikt zwischen Partizipation und Nicht-Partizipation, dauert bis etwa 200 vor Christus. Die folgende Epoche, vom Hellenismus bis zum ausgehenden Mittelalter bis etwa 1500 nach Christus, ähnelt wieder mehr der mythologischen Periode, wenn auch das partizipierende Bewußtsein schwächer ist als damals. Berman spricht von einer animistischen oder symbolischen Epoche, in der man an Feen und Geister, an Besessenheit und Wunder glaubt. Mit der Renaissance und der wissenschaftlichen Revolution beginnt das nicht-partizipierende Bewußtsein seinen Vormarsch, in der industriellen Revolution des 18. Jahrhunderts breitet es sich rapid aus, wird im 19. Jahrhundert vorherrschend und hat im 20. Jahrhundert eine Zivilisationsform hervorgebracht, in der sich der Mensch nicht nur von der Natur, sondern auch von seinesgleichen und sich selbst getrennt, entfremdet vorkommt[3]. Dieser Denkansatz – so Berman – »läßt sich am besten als Entzauberung, als Verlust der Teilnahme beschreiben, weil er auf einer rigiden Trennung zwischen Beobachter und Beobachtetem besteht. Wissenschaftliches Bewußtsein ist entfremdetes Bewußtsein: Es gibt kein ekstatisches Verschmelzen mit der Natur, sondern eher die völlige Trennung von ihr. Subjekt und Objekt werden immer in Opposition zueinander gesehen. Ich bin nicht meine Erfahrungen und daher nicht wirklich Teil der mich umgebenden Welt. Der logische Endpunkt dieser Weltsicht ist ein Gefühl völliger Verdinglichung: alles wird zur Sache, entfremdet, nicht-ich; und ich bin letztlich auch ein Objekt, ein entfremdetes ›Ding‹ in einer Welt anderer, ebenfalls bedeutungsloser Dinge. Diese Welt ist nicht von meiner eigenen Art, dem Kosmos bedeute ich nichts, und ich spüre nicht wirklich ein Gefühl der Zugehörigkeit zu ihm. Was ich tatsächlich fühle, ist ein Leiden meiner Seele.«[4]

Das New-Age-Bewußtsein kann in dieser Konsequenz dann nur ein neues partizipierendes Bewußtsein sein. Aber die Vergangenheit hat doch gezeigt, daß alle Versuche der Magier und Alchimisten, der Mystiker und Romantiker, selbst eines Goethe es nicht vermocht haben, gegen das herrschende, von den Wissenschaften geforderte und von der Wirtschaft und Politik geförderte Bewußtsein der Nicht-Partizipation etwas auszurichten.

Soll sich an dieser Situation und Einschätzung etwas Grundlegendes geändert haben? In der Tat, behauptet Fritjof Capra in seinem Bestseller »Wendezeit. Bausteine für ein neues Weltbild«. Der aus Wien stammende theoretische Physiker, der in Paris und London geforscht hat und jetzt in Kalifornien als Wissenschaftler und New-Age-Philosoph arbeitet, ist der Überzeugung: Wir müssen keinen aussichtslosen Kampf mehr gegen die Naturwissenschaften führen, wenn wir das ganzheitliche Denken und Fühlen wieder erlangen wollen – ganz im Gegenteil: Die Naturwissenschaften selbst begreifen mehr und mehr, daß sie ein verengtes Bewußtsein gehabt haben und deshalb auch der zu erforschenden Wirklichkeit, in der alles mit allem zusammenhängt, nicht gerecht geworden sind.

»Während der 70er Jahre konzentrierte sich mein berufliches Hauptinteresse auf den bedeutsamen Wandel der Vorstellungen und Ideen, der im Laufe der ersten drei Jahrzehnte unseres Jahrhunderts in der Physik eingetreten ist und der gegenwärtig in unseren Theorien über das Wesen der Materie noch weiter ausformuliert wird. Die neuen Vorstellungen der Physik haben unser Weltbild tiefgreifend verändert – von der mechanistischen Vorstellungswelt eines Descartes und Newton zu einer ganzheitlichen und ökologischen Sicht, einer Anschauungsweise, die ich als den Anschauungen der Mystiker aller Zeitalter ähnlich erkannt habe.«[5] Und Capra zitiert Niels Bohr: »Isolierte Materie-Teilchen sind Abstraktionen, ihre Eigenschaften sind nur durch Zusammenwirken mit anderen Systemen definierbar und wahrnehmbar.« Oder Werner Heisenberg: »So erscheint die Welt als kompliziertes Gewebe von Vorgängen, in dem sehr verschiedenartige Verknüpfungen sich abwechseln, sich überschneiden und zusammenwirken und auf diese Art und in dieser Weise schließlich die Struktur des ganzen Gewebes bestimmen.«[6]

2. *Kronzeuge Teilhard de Chardin*

Die New-Age-Anhänger suchen nun nach immer mehr Kronzeugen für ihre Überzeugung, daß der Außenwelt eine Innenwelt entspricht, die sich nicht nur den Mystikern aller Zeiten, sondern nun auch den besten unserer Naturwissenschaftler ankündigt, denen nämlich, die den Mut haben, den wissenschaftsgeschichtlich notwendigen Paradigmen-, das heißt Modellwechsel mitzumachen, wonach das mechanistische und nicht-partizipierende Weltbild gegen das ganzheitliche und partizipierende ausgetauscht werden muß.
Zu diesen Kronzeugen gehört nach der Überzeugung von Marilyn Ferguson auch Pierre Teilhard de Chardin, der Geologe, Paläontologe, der zugleich Philosoph und Theologe gewesen ist, und den die Autorin in ihrem Buch »Die sanfte Verschwörung« wie folgt einführt: »Nach einem Besuch in den Vereinigten Staaten im Jahre 1931 segelte Pierre Teilhard de Chardin von San

Franzisco nach China zurück. Unterwegs schrieb der Jesuit und Paläontologe einen Essay ›Der Geist der Erde‹, der von seiner zunehmenden Überzeugung inspiriert war, daß eine Verschwörung von Individuen aus allen Schichten der amerikanischen Gesellschaft sich darum bemüht, ›das Gebäude des Lebens auf eine neue Stufe zu heben‹. Zurück in Peking, verkündete er seine Hauptthese: Der Geist machte im Verlauf der gesamten Evolutionsgeschichte nach und nach Neugestaltungen [Transformationen] durch, bis er einen entscheidenden Punkt erreicht hat – die Entdeckung seiner eigenen Evolution. Diese neue Bewußtheit – daß der sich entwickelnde Geist den evolutionären Prozeß erkennt – ›stellt die zukünftige Naturgeschichte der Welt dar‹. Diese Bewußtheit wird im Laufe der Zeit Allgemeingut werden. Sie wird den ganzen Planeten umspannen und in einer die ganze Menschheit umfassenden Erleuchtung kulminieren, die Teilhard de Chardin als ›Omega‹-Punkt bezeichnete. Gewisse Individuen, die sowohl von einer transzendenten Vision der Zukunft als auch gegenseitig angezogen werden, scheinen bei der ›gemeinsamen Aufgabe‹, die Menschheit zu dieser erweiterten Bewußtheit zu bringen, eine Art Speerspitze zu bilden. ›Der einzige Weg vorwärts führt in die Richtung eines gemeinsamen Verlangens, einer Verschwörung‹. Und, wie er einen Freund wissen ließ, nichts im Universum könnte sich ›der sich steigernden Begeisterung der kollektiven Seele‹ entziehen, falls eine genügend große Anzahl transformierter Menschen zusammenarbeitet. ›Obwohl viele den Gedanken, daß sich der Geist entwickle, von sich weisen, wird er schließlich akzeptiert werden‹, meint er. ›Wird eine Wahrheit erst einmal erkannt – auch nur von einem einzigen Geist –, so kann ihr am Ende die Gesamtheit des menschlichen Bewußtseins nicht mehr ausweichen‹: Beweise für diesen evolutionären Vorstoß lieferten laut Teilhard de Chardin alle Wissenschaften, und diejenigen, die sich weigerten, dies zu erkennen, wären blind.«[7]

Ein Teilhard-Kenner muß der Autorin zugestehen, daß sie Teilhard im großen und ganzen richtig zitiert und interpretiert hat. Es findet sich bei Teilhard in der Nähe der von Frau Ferguson

angeführten Zitate sogar auch der Ausdruck »New Age«, und zwar in einem Zusammenhang, der für die gegenwärtige New-Age-Spiritualität ebenfalls bezeichnend ist, geht diese doch davon aus, daß das »neue Zeitalter« nicht durch Gewalt, sondern durch Liebe geschaffen wird, – eine Überzeugung, die von den sogenannten Realisten heute genauso belächelt wird, wie es Teilhard vorhergesagt hat: »Die ›realistischen‹ Geister mögen ruhig über die Träumer lächeln, die von einer nicht mehr durch Gewalt, sondern durch Liebe verkitteten und geharnischten Menschheit sprechen. Sie mögen ruhig leugnen, daß ein Höchstmaß an physischer Kraft mit einem Höchstmaß an Sanftmut und Güte zusammenfallen könne. Diese Skepsis und diese Kritiken werden nicht verhindern können, daß die Theorie und die Erfahrung der geistigen Energie sich einig sind, um uns zu sagen, daß *wir an einen entscheidenden Punkt der menschlichen Evolution gelangt sind,* wo das einzige Tor nach vorne in Richtung einer gemeinsamen Leidenschaft, einer ›Konspiration‹, [einer Verschwörung], liegt. Fortfahren, unsere Hoffnung auf eine durch äußere Gewalt erzielte soziale Ordnung zu setzen, käme für uns ganz einfach einem Aufgeben jeder Hoffnung gleich, den Geist der Erde bis an seine Grenzen zu vollenden.
Doch als Ausdruck einer unwiderstehlichen und unfehlbaren Bewegung wie das Universum selbst kann die menschliche Energie durch kein Hindernis davon abgehalten werden, frei den natürlichen Zielpunkt ihrer Evolution zu erreichen. Wir nähern uns also trotz aller Fehlschläge und aller Unwahrscheinlichkeiten einem *neuen Zeitalter,* in dem die Welt ihre Ketten abwerfen wird, um sich endlich den Kräften ihrer inneren Affinitäten zu überlassen.«[8]

Dieser Text und auch eine gewisse Zuversicht, den die heutigen New-Age-Denker und -Propagandisten an den Tag legen, könnten über die Schwierigkeiten hinwegtäuschen, die mit der notwendigen »Transformation« verbunden sind. Schon in dem Essay »Der Geist der Erde« von 1931 warnt deshalb Teilhard de Chardin: »Doch hier täusche sich niemand. Wer an diesem Geist teilhaben will, muß sterben und dann wiedergeboren werden, für die anderen und sich selbst. Er muß, um zu dieser höheren Ebene der Menschheit Zutritt zu erlangen, nicht nur eine besondere Situation reflektieren, intellektuell sehen – vielmehr muß er in der Tiefe selbst seiner Urteils- und Wirkweise eine totale Transposition vollziehen.

In ihm muß *eine neue* (individuelle, soziale und religiöse) *Ebene eine andere ausschalten*. Das bedeutet innere Qualen und Verfolgungen. *Die Erde wird sich ihrer selbst nur durch die Krise der Bekehrung hindurch bewußt werden.*«[9]

Es ist im Hinblick auf die »Organisation« der New-Age-Bewegung als Netzwerk interessant zu sehen, wie schon Teilhard de Chardin Verbindungen zu Gleichgesinnten über alle politischen und weltanschaulichen Grenzen hinweg suchte und davon profitierte. So verdankt sich Teilhards Ausdruck »Konspiration«, den er in seinen Schriften der dreißiger Jahre mit Anführungszeichen verwendet, höchstwahrscheinlich dem Werk »The Open Conspiracy: Blueprints for a World Revolution« (Die offene Verschwörung: Entwurf einer Weltrevolution) von H. G. Wells aus dem Jahre 1928. Der englische Romanschriftsteller und Essayist, den Teilhard in seinem Werk öfters zitiert, war schon damals der Meinung, »daß die Zeit für die Verschmelzung von kleinen Gruppen zu einem flexiblen Netzwerk, das globale Veränderungen hervorrufen könne, reif sei. Diese Verschwörung war nicht in Form eines Staatsstreichs oder einer Demonstration von Macht einer neu denkenden Gruppe getragen, sondern vielmehr von der Idee, die festgefahrenen, hierarchischen, inhumanen und zerstörerischen Strukturen bürokratisierter und materialistischer Gesellschaften zu unterwandern, um sie durch Beispiel, Tat, empathische Begegnungen, Liebe zur Erde und zur Menschheit unter dem Wissen einer gemeinsamen spirituellen Aufgabe zu erneuern.«[10]

Auf die naheliegende Frage, wieso sich Marilyn Ferguson unter den zahlreichen Vordenkern der New-Age-Spiritualität so häufig auf Teilhard de Chardin beruft, antwortet zunächst der Anhang Ihres Buches: Sie hat Ende 1977 an zweihundert Personen, die sich auf verschiedenen Gebieten mit der gesellschaftlichen Transformation beschäftigten, einen Fragebogen gesandt, um ihre eigene Einschätzung der Verschwörung und die Sicht ihrer Anhänger zu überprüfen. 185 Personen antworteten. Auf die Frage nach Persönlichkeiten, deren Ideen die Beantworter besonders beeinflußt haben, war der Meistgenannte: Pierre Teilhard de Chardin, wobei 35 Prozent der Befragten seine Idee des sich entwickelnden Bewußtseins faszinierend fanden.

Das, möchte man einwenden, mag höchstens repräsentativ sein für die USA und dort besonders für Kalifornien. Doch auch der schon erwähnte George Trevelyan, eine der führenden Persönlichkeiten der englischen New-Age-Bewegung, zitiert in seinem Buch »Eine Vision des Wassermann-Zeitalters« neben Rudolf Steiner am meisten Teilhard[11]. Und wenn die für New-Age-Fragen führende deutsche Zeitschrift »esotera« bereits 1981 einen Artikel über Teilhard als modernen Mystiker gebracht hat, dann vermutlich nicht nur aus Anlaß des hundertsten Geburtstags von Teilhard, sondern auch, um auf einen Wegbereiter des New-Age hinzuweisen. Als solcher steht Teilhard in Fergusons Buch neben vielen anderen, wie es überhaupt die Absicht dieses fünfhundertseitigen Werkes ist nachzuweisen, daß sich in unseren Tagen in bereits unzähligen Individuen und Gruppen jene Transformationen vollziehen und jene neuen Dimensionen des Bewußtseins andeuten, von denen die hellsichtigsten Dichter und Denker, Wissenschaftler und Künstler, Visionäre und Mystiker der letzten zweihundert Jahre ahnend und beschwörend zugleich gesprochen haben – seit der Romantik etwa, als sich andeutete, welch ein Bewußtseins- und Wirklichkeitsverlust die Herrschaft des mechanistischen Weltbildes zur Folge haben würde. Ansätze zu einer Aufarbeitung dieser Tradition gibt es in den Schriften der New-Age-Denker durchaus, es fallen jedoch mehr zufällig denn systematisch Namen wie Henri Bergson, William Blake, Jakob Böhme, Martin Buber, Nikolaus Cusanus, Dante, Dostojewski, T. S. Eliot, Franz von Assisi, Gandhi, Hermann Hesse, Victor Hugo, Aldous Huxley, William James, C. G. Jung, Katharina von Siena, Leibniz, Meister Eckhart, Paracelsus, Boris Pasternak, Paulus, Jean Piaget, Pico della Mirandola, Marcel Proust,

Saint-Exupéry, Swedenborg, Teilhard de Chardin, Paul Tillich, Tocqueville, Tolstoi, Toynbee, Unanumo, H. G. Wells, Alfred N. Whitehead, Walt Whitman, William Wordsworth.

3. Kirche und Theologen heute

Auch in der offiziellen katholischen Kirche ist der Geist des »Neuen Zeitalters« zu spüren, wie die Enzyklika des Papstes Johannes Paul II. »Über den Heiligen Geist im Leben der Kirche und der Welt« vom 18. Mai 1986 zeigt: »Auf diese Weise gibt die Kirche auch Antwort auf gewisse tiefe Anliegen, die sie im Herzen der Menschen von heute zu erkennen glaubt: eine neue Entdeckung Gottes in seiner transzendenten Wirklichkeit als unendlicher Geist, wie Jesus ihn der samaritischen Frau kundtut; die Notwendigkeit, ihn ›im Geist und in der Wahrheit‹ anzubeten (vgl. Joh 4,24); die Hoffnung, in ihm das Geheimnis der Liebe und die Kraft zu einer ›Neuen Schöpfung‹ (vgl. Röm 8,22; Gal 6,15) zu finden: Ja, es geht genau um denjenigen, *der das Leben schenkt*. Zu einer solchen Sendung, nämlich den Heiligen Geist zu verkünden, weiß sich die Kirche berufen, während sie sich zusammen mit der Menschheitsfamilie dem *Ende des zweiten Jahrtausends nach Christus* nähert.«[12]

In ähnlicher Weise, noch direkter im Blick auf die New-Age-Denker, hat sich der protestantische Theologe Jürgen Moltmann geäußert: »Heutige Theologie ist von Capra herausgefordert, eine pneumatologische Schöpfungslehre zu entwickeln, die die Präsenz des Geistes Gottes in jedem Geschöpf und, was noch wichtiger ist, in der Schöpfungsgemeinschaft betont. Eine monotheistisch ausgerichtete Schöpfungslehre hat nur die Distanz Gottes gegenüber seiner Schöpfung betont. Neuere christologische Schöpfungslehren haben die Voraussetzung Christi vor der Schöpfung hervorgehoben. Eine voll entwickelte trinitarische Schöpfungslehre würde die Weltimmanenz des transzendenten Gottes in dem der Welt einwohnenden Geist herausstellen.«[13]

Und Moltmann erinnert in diesem Zusammenhang an den protestantischen Theologen der Romantik Friedrich Schleiermacher. In dessen Schrift »Über die Religion« von 1799 heißt es: »Das Universum ist in einer ununterbrochenen Tätigkeit und offenbart sich uns jeden Augenblick. Jede Form, die es hervorbringt, jedes Wesen, dem es nach der Fülle des Lebens ein abgesondertes Dasein gibt, jede Begebenheit, die es aus seinem reichen, immer fruchtbaren Schoß herausschüttet, ist ein Handeln desselben auf uns; und so alles Einzelne als einen Teil des Ganzen, alles Beschränkte als eine Darstellung des Unendlichen hinnehmen, das ist Religion.«
Es ist zu wünschen, daß viele christliche Kirchenleitungen, Theologen und Gläubige die Herausforderung durch die New-Age-Bewegung annehmen.

III. Von der Erblast des Christentums

> Seid fruchtbar und vermehrt euch, bevölkert die Erde, unterwerft sie euch und herrscht über die Fische des Meeres, über die Vögel des Himmels und über alle Tiere, die sich auf dem Land regen.
>
> *Genesis 1,28*

Wenn man die zuletzt zitierten Äußerungen des Papstes und des evangelischen Theologen Moltmann bedenkt, drängt sich die Frage auf: War es bisher nicht überhaupt das Privileg der Religionen, im Westen vor allem der organisierten christlichen Kirchen, fundamentale Verirrungen der Menschheit anzuprangern und einen Bewußtseinswandel oder eine Bewußtseinserweiterung, wenn nötig, herbeizuführen? Oder wenn die christlichen Kirchen schon nicht mehr führend und aktiv in der Diagnose der Zeitkrankheiten sind, halten sie dann wenigstens die Mittel bereit, die geeignet erscheinen, Abhilfe zu schaffen, neue Orientierung zu bieten und praktische Wege aufzuzeigen?

1. Kirchen ohne Spiritualität

Typisch für die Erfahrung vieler, die sich der New-Age-Bewegung angeschlossen haben, ist das Zeugnis Charlene Spretnaks, die in der Frauen-, Friedens- und Umweltschutzbewegung in den Vereinigten Staaten aktiv ist, die Bundesrepublik bereiste und ein Buch »Die Grünen« veröffentlicht hat zusammen mit einem Bericht über grüne Politik in den USA: »Im Zeitalter der Moderne bedeutet Erwachsenwerden Eintritt in die Leere. Während der Pubertät legen wir die Gewohnheiten der Kindheit ab, nicht nur das Spielzeug und die Stofftiere, sondern auch unser geheimes, magisches Weltverständnis, unsere besondere Beziehung zum Lieblingshaustier, zu dem alten Baum im Hinterhof, zum alten Liefermann, zu unseren Lieblingsgroßeltern. Als wir in den Kindergarten gingen, strahlten wir noch eine ganz private Kosmologie und ein numinoses Gefühl für die Welt um uns herum aus. [. . .] All das ließen wir zurück, als wir uns in der Adoleszenz Schritt für Schritt in die Welt der Erwachsenen hineinwagten [. . .] Wir bemühten uns sogar, den allwöchentlichen Predigten in der Kirche zu folgen – bis sie zu abstrakt und langweilig wurden, um unsere Aufmerksamkeit zu halten [. . .] (Wir) stellten allmählich mit dumpfem Entsetzen fest, *daß es in einer modernen, technologischen Gesellschaft kein inneres Leben gibt* [. . .] Für mein eigenes Leben suchte ich mir einen Ausweg: Ich würde auf eine kirchennahe Universität gehen, denn möglicherweise war in der Religion die Antwort enthalten, die der Leere der modernen Gesellschaft etwas entgegensetzen konnte. Vielleicht hatte ich das bisher einfach nur übersehen, weil meine Eltern uns, obwohl sie katholisch waren, in die allgemeinen Gymnasien unseres Stadtteils geschickt hatten, die recht gut waren. Ich immatrikulierte mich also als hoffnungsvolle Pilgerin an der von Jesuiten geleiteten St. Louis Universität. Jeder Literaturhistoriker, der mit den Biographien zahlreicher sensibler, von Jesuiten erzogener Schriftsteller vertraut ist, hätte das Ergebnis vorhersagen können: Ich zahlte mein Geld, erhielt eine gute Ausbildung und verlor meinen Glauben – an die katholische Kirche im besonderen und an das Christentum im allgemeinen. Ich war nicht verbittert, lediglich enttäuscht von etwas, das ich als spirituelle Leere empfand. Einige Jahre lang ließ ich mich als agnostische Skeptikerin dahintreiben [. . .] und kam schließlich gegen Ende 1969 [. . .] in Indien an.

Dort suchte ich nach einer spirituellen Unterweisung, die den menschlichen Erfahrungsbereich erweitern, aber weder Guruverehrung enthalten sollte noch Rituale und anderen kulturellen Ballast, noch die Unterdrückung von Frauen. Ich fand, was ich suchte, in der buddhistischen Vipassane-(›Einblick‹) Meditation, die übrigens die gleiche Art der Meditation ist, wie sie von E. F.

Schumacher praktiziert und in seinem Buch *Rat für die Ratlosen* (1979) empfohlen wird [...] Als ich [wieder in den USA] bei feministisch-spirituellen Gruppen mitmachte, in denen die Natur und die Geheimnisse der Schöpfung, unserer Körper, unserer Gefühle und unserer Transformationskräfte als etwas Positives empfunden wurden, fand ich auch in Ritualen einen neuen Sinn – im Gegensatz zu den von oben angeordneten Ritualen irgendeiner religiösen Institution.«[1]

2. Die Austreibung des Heiligen aus der Natur

Dafür, daß das Christentum sich schwer tut, diesem Bedürfnis nach einem ganzheitlichen Weltverständnis, nach einer Überwindung der Entfremdung zwischen Mensch und Natur entgegenzukommen, hat Carl Amery die biblische Aufforderung »Macht euch die Erde untertan!« verantwortlich gemacht. Nach Auffassung der jüdisch-christlichen Schöpfungslehre ist der Mensch allein Abbild Gottes. Nachdem Gott Himmel und Erde, Pflanzen und Tiere geschaffen hatte, sprach er: »Laßt uns den Menschen machen als unser Abbild, uns ähnlich. Sie sollen herrschen über die Fische des Meeres, über die Vögel des Himmels, über das Vieh, über die ganze Erde und über alle Kriechtiere auf dem Land. Gott schuf also den Menschen als sein Abbild; als Abbild Gottes schuf er ihn.« (Gen 1,26f.) Die mehrfache Betonung der Gottebenbildlichkeit des Menschen im Gegensatz zur übrigen Natur ist auffällig. So ist es nur konsequent, daß in der jüdisch-christlichen Religiösität das Gebot der Nächstenliebe einen zentralen Platz einnimmt. Denn im Nächsten als Ebenbild Gottes sollen wir Gott suchen und finden und ihm dienen. Die Natur ist zwar auch Werk Gottes, und sie ist »gut«, wie es in der Schöpfungsgeschichte heißt, aber sie hat einen anderen Rang: sie ist dem Menschen untertan, muß ihm dienen, er ist ihr Herrscher.

»Mit dieser These«, meint nun Carl Amery, »setzt sich das jüdische Denken radikal vom primitiven Denken, aber auch von der religiösen Grundstimmung aller Mittelmeerkulturen ab. Für den Primitiven ist die Dichte, die Verschlossenheit der Schöpfung, der Sterne, der Tiere, der Bäume, keineswegs ein Kriterium für ihre absolute Dienstbarkeit, sondern eher für ihre überragende Mächtigkeit. Im Kreisen von Sonne, Mond und Planeten; im Rauschen der Haine; in den gelben, gleichgültigen Augen des Löwen sieht er, fühlt er das Numinose am Werk, das es zu beschwichtigen oder (mit den vorwissenschaftlichen Mitteln der Magie) zu bändigen gilt. Trennung von ›Heiligem‹ und Profanem wäre ihm widersinnig. Und die mediterranen Hochkulturen, die Israel umgaben, hatten aus dieser ursprünglichen Verschlingung eine politische Virtuosität gemacht. Der Exodus aus Ägypten ist, folgerichtig, nichts als die Konsequenz eines radikalen inneren Auszugs: der Verbannung aller dieser kosmischen, animalischen, tausendfach verschlungenen Götter- und Weltpotenzen ins Nichts, der Entschluß zu einem unsichtbaren Gott ohne Namen [. . .] Die kosmisch-polytheistische Grundstimmung der Antike, welche einige der schönsten Werke der menschlichen Kunst hervorgebracht hat, bleibt (Israel und dem Christentum) völlig fremd. Es nimmt nicht wunder, daß Denker aus dem griechisch-römischen Raum dies als Ärgernis, zumindest als Mangel an differenziertem religiösen Denken empfinden. Tacitus faßt das in einem Satz zusammen, der gegen die Juden gerichtet ist: profanum illis omnia quae apud nos sacra – alles ist ihnen profan, was uns geheiligt ist.«[2]
Die Folgen dieser Austreibung des Heiligen aus der Natur für die Geschichte des Abendlandes und darüber hinaus für die ganze Welt sind um so gravierender, je mehr sich das Abendland säkularisiert hat und einer materialistischen Weltanschauung huldigt. Die vom Christentum entheiligte Natur wird nun Objekt einer schrankenlosen Ausbeutung. Und diese greift in dem Maße auf den Menschen selbst über, als dieser seine eigene Gottebenbildlichkeit in Frage stellt, weil er nicht mehr an Gott glaubt. Der Mensch selbst wird Objekt wissenschaftlicher, wirtschaftlicher

und politischer Herrschaftsinteressen, denen das Christentum erfolglos Einhalt zu gebieten sucht, ohne zu erkennen, daß es mit schuld ist an dieser Entwicklung.

3. Der bevorstehende Zyklus des im Universum angebeteten Christus

Fällt nun auf Grund dieser Zusammenhänge das Christentum heute ganz aus in dem Bemühen der New-Age-Anhänger, eine ganzheitliche Weltsicht wiederzugewinnen, in der sich der Mensch als Teil einer ihn umgreifenden Natur versteht? Kann das Christentum trotz der Erblast seiner Geschichte das Bewußtsein wecken helfen, daß uns die Natur nicht zur Ausbeutung, sondern zur Entwicklung anvertraut ist, daß die Natur nicht nur göttlichen Ursprungs, sondern auch göttliches »Sakrament« für uns ist? Können die Christen in ihrer eigenen Tradition nicht Stränge ausfindig machen, in denen die »heidnische« Einheit von Gott und Welt, Mensch und Natur festgehalten und – auf christliche Weise geläutert – bis heute gelebt worden ist?
Teilhard de Chardin war davon überzeugt: Eine christliche Tradition ist verschüttet worden, oder richtiger, hat sich noch gar nicht entfalten können. Am 23. September 1919 beklagt er sich darüber in einer Tagebucheintragung: »Um leidenschaftlich das große Universum zu lieben und das gebieterische Bedürfnis zu verspüren, Christus mit ihm zu bekleiden, brauchten die Menschen ein lange fortgesetztes Bemühen der Beobachtung, des Denkens, der Besitznahme ihrer selbst. Diese wichtigen Fragen einer neuen Stufe beginnen gerade erst, uns explizit zu beanspruchen. Es gibt noch einen anderen, meines Erachtens weniger tiefen, aber unmittelbaren Grund für die Unbeweglichkeit, in die seit dem heiligen Paulus die Vorstellung vom Christus universalis verfallen ist: nämlich der Mißbrauch der logischen, moralischen und juridischen Beziehungen in der Philosophie ... Es ist einfacher, sicherer (tutior), ›ökonomischer‹ (unser Herr hat das Beispiel dafür gegeben), die Beziehungen zwischen Gott und

dem Menschen in der Form familiärer oder sozialer Beziehungen auszusagen. Diese Analogie zwischen dem Reiche Gottes und einer sozialen Assoziation ist wahr, da die Vereinigung in Christus sich zwischen Personen vollzieht. Doch ist sie unvollständig: um sie in ihrer Wahrheit zu erfassen, muß man sie mit Analogien, die aus den eigentlich natürlichen physischen Wirklichkeiten genommen sind, berichtigen. Die göttliche Freundschaft, die göttliche Adoption sind Aussagen, die eine unerbittliche, unheilbare organische Anpassung, Transformation, Neugießung des Universums *beinhalten* [. . .] Solange man im leicht zu handhabenden Bereich der juridischen und moralischen Beziehungen bleibt, ist das universelle Königtum Christi für die kindliche Philosophie vieler Theologen nicht schwierig zu erklären. Ist nicht der Mensch für sie auch mit geringem Aufwand der König der Schöpfung? . . . Sobald man sich dagegen den Gesichtspunkt des *Organischen* zu eigen macht, enthüllt die zentrale Würde Christi sich als eine gewaltige, alles aufsaugende, rätselhafte Wirklichkeit – die den ganzen Glauben, die ganze Praxis und das ganze System in seinem Dienste umformt [transformiert] und umschmiedet . . . Ich nehme an, daß die Theologen, weil ihr Denken nicht genügend von diesem Prinzip des *Primats* des Organischen vor dem Juridischen beherrscht wurde, so lange dem Grundgeheimnis des Christus universalis gegenüber unempfänglich bleiben konnten. Heute übernimmt es das (das menschliche und christliche) ›Volks‹-Bewußtsein, den Meistern in Israel in Erinnerung zu rufen, daß sie zu keinem Zeitpunkt der Jahrhunderte das Recht haben, endgültig die Hände in den Schoß zu legen und sich mit einer Lehre, so bequem sie auch sei, zur Ruhe zu setzen.

›Wir wollen *Eines, Organisches,* weil Christus so in der Tiefe unseres Herzens erscheint.‹ So sprechen viele. – Sollte nicht der Zeitpunkt gekommen sein, daß die noch schlafende Sproßachse des Baumes ihr Wachstum wieder aufnimmt? Ohne Übertreibung, bricht nicht ein neuer Zyklus für die Kirche an, ein universell dem derzeitigen Alter der Menschheit adaptierter Zyklus: der Zyklus des im Universum angebeteten Christus? –

Auf daß jene, die glauben, den Meister kommen zu hören, wachen, verlangen, und arbeiten. [...] Unter dem Christus universalis verstehe ich Christus als das organische Zentrum des ganzen Universums. Organisches Zentrum, das heißt, an ihm hängt letzten Endes physisch jegliche, selbst die natürliche Entwicklung. Des ganzen Universums, das heißt nicht nur der Erde und der Menschheit, sondern des Sirius, der Andromeda, der Engel, alle Wirklichkeiten, von denen wir näher oder ferner physisch abhängen.«[3]

IV. Gott in uns: die älteste Ketzerei?

> Alle, die sich vom Geist Gottes leiten lassen, sind Söhne Gottes. Denn ihr habt nicht einen Geist empfangen, der euch zu Sklaven macht, so daß ihr euch immer noch fürchten müßt, sondern ihr habt den Geist empfangen, der euch zu Söhnen macht, den Geist, in dem wir rufen: Abba, Vater!
>
> *Röm 8,14–15*

»Gott in uns: die älteste Ketzerei«, so überschreibt Marilyn Ferguson in ihrem Buch »Die sanfte Verschwörung« den Abschnitt, in dem sie von Gott handelt. Sie beginnt wie folgt: »In der sich nun formierenden spirituellen Tradition ist Gott nicht die Verkörperung unserer Sonntagsschulmentalität, sondern entspricht eher jener Dimension, die William James wie folgt beschrieb: ›Es scheint mir, daß die weiteren Grenzen unseres Seins in eine ganz andere Dimension der Existenz eintauchen als in jene der vernünftigen, bloß ›verständlichen‹ Welt [. . .] Wir gehören dieser Dimension in einem innigeren Sinne an als der sichtbaren Welt, da wir in unserem Innersten dorthin streben, wo unsere Ideale sind [. . .] Ich werde diesen höheren Teil des Universums mit dem Namen ›Gott‹ benennen. Gott wird als ein Fließendes, als Ganzheit, als ein unendliches Kaleidoskop des Lebens und des Todes, als letzte Ursache, als Grund des Seins, erfahren, als das, was Alan Watts ›die Stille, aus der jeder Laut kommt‹ bezeichnete. Gott ist das Bewußtsein, das sich als *Lila,* das Spiel des Universums manifestiert, Gott ist die organisierende Matrix, die wir erfahren, aber nicht beschreiben können; das, was die Materie belebt.«[1]

Hören wir noch einen anderen Autor der New-Age-Bewegung zum Thema Gott, Anthony Brooke: »Jeder von uns bildet einen

Teil eines Universums von lebendiger Energie, eines unermeßlichen, einheitlichen Feldes lebendiger, pulsierender Energie. Wenn von Gott die Rede ist, so muß Gott die Totalität dieser universellen Lebensenergie umfassen, und er muß auch selbst jede einzelne Erscheinungsform und alle Manifestationen innerhalb des Universums in ihren unzähligen Formen sein, der sichtbaren und der unsichtbaren und noch unendlich mehr, was der menschliche Geist unmöglich erfassen kann. Jeder einzelne Teil dieser lebendigen Ganzheiten des Seins ist von einer liebenden und zweckvollen Intelligenz durchdrungen und bewegt sich beständig so, daß sie sich in Ordnung, Harmonie und Gleichgewicht erhält und ihre Einheit und Vollkommenheit bewahrt. Daraus folgt, daß der menschliche Geist so beschaffen ist, daß er auf dieses Bewußtsein der Einheit, der Ganzheit und des vollkommenen Seins abgestimmt sein und bleiben soll und daß er dies in den Bedingungen erlebt, die die Umwelt widerspiegelt, welche somit, bildlich gesprochen, zum Himmel auf Erden werden würde. Wir wissen aber, daß während der historisch überlieferten Zeit das genaue Gegenteil der auf der Erde meist erlebte Zustand gewesen ist.«[2]

1. Erfahrung des Göttlichen und stammelnde Rede

Wie schon das berühmte Buch des amerikanischen Religionspsychologen William James (1842–1910), auf den sich Marilyn Ferguson und vor ihr auch Teilhard berufen, in seinem Titel »Die Vielfalt religiöser Erfahrung« andeutet, geht die New-Age-Bewegung nicht von irgendeinem der traditionell vorgegebenen, mehr oder weniger dogmatisch fixierten Gottesbilder aus, sondern von der gegenwärtigen Erfahrung des Göttlichen in uns. Bei der Umschreibung dieser Erfahrung benutzen die einzelnen New-Age-Anhänger dann freilich die ihnen geläufigen religiösen, philosophischen, dichterischen, theologischen, auch naturwissenschaftlichen Sprachen und Bilder, oft neben- und durcheinander, ohne Rücksicht auf ihren ursprünglichen Zusammenhang und nicht in der Absicht, über die Erfahrung Gottes in einem kohärenten und stimmigen Zusammenhang zu sprechen. Die Äußerungen sind eher Signale an die, denen ähnliche Erfahrungen nicht fremd sind, nicht Versuche einer exakten Beschreibung dessen, was sich nicht beschreiben läßt.

Durch diese beiden Merkmale – *Erfahrung* des Göttlichen und *stammelnde Rede* darüber – stehen die New-Age-Anhänger den Mystikern aller Religionen und Zeiten nahe; sie berufen sich auch immer wieder auf diese Tradition, möchten sie erwecken und für die Gegenwart fruchtbar machen.

Daß eine solche innere Erfahrung Gottes nicht nur möglich ist, sondern als »transzendentale Erfahrung« die – wenn auch noch so verdeckte – Bedingung menschlicher Existenz ist, hat besonders der katholische Theologe Karl Rahner (1904–1984) immer wieder betont: Der Mensch »kann alles in Frage stellen; er kann alles einzeln Aussagbare immer schon im Vorgriff auf alles und jedes mindestens fragen. Indem er die Möglichkeit eines bloß *endlichen* Fragehorizontes setzt, ist diese Möglichkeit schon wieder überholt, erweist sich der Mensch als das Wesen eines *unendlichen* Horizontes. Indem er seine Endlichkeit radikal erfährt, greift er über diese Endlichkeit hinaus, erfährt er sich als Wesen der Transzendenz, als Geist. Der unendliche Horizont menschlichen Fragens wird als ein Horizont erfahren, der immer weiter zurückweicht, je mehr Antworten der Mensch sich zu geben vermag. Der Mensch kann versuchen, die unheimliche Unendlichkeit, in die er fragend ausgesetzt ist, auf sich beruhen zu lassen; er kann aus der Angst vor dem Unheimlichen sich zu dem Vertrauten und Alltäglichen flüchten; aber die Unendlichkeit, in die er sich ausgesetzt erfährt, durchdringt auch sein alltägliches Tun. Er bleibt grundsätzlich immer unterwegs. Jedes angebbare Ziel im Erkennen und in der Tat ist immer schon wieder relativiert als Vorläufigkeit und Etappe. Jede Antwort ist immer wieder nur der Aufgang einer neuen Frage. Der Mensch erfährt sich als die unendliche Möglichkeit, weil er notwendig in Praxis und Theorie jedwedes erzielte Resultat immer wieder in Frage

stellt, immer wieder in einen weiteren Horizont hineinrückt, der sich unabsehbar vor ihm auftut.« Es ging Karl Rahner darum zu zeigen, »daß mit dieser transzendentalen Erfahrung ein gleichsam *anonymes und unthematisches Wissen von Gott* gegeben ist, daß also die ursprüngliche Gotteserkenntnis nicht von der Art des Erfassens eines sich von außen direkt oder indirekt zufällig meldenden Gegenstandes ist, sondern daß sie den Charakter einer transzendentalen Erfahrung hat. Insofern diese subjekthafte, ungegenständliche Erhelltheit des Subjekts immer in der Transzendenz auf das heilige Geheimnis geht, ist Gotteserkenntnis schon immer unthematisch und namenlos gegeben – und nicht erst dann, wenn wir anfangen, davon zu reden. Alles Reden darüber, das notwendig geschieht, ist immer nur ein Verweis auf diese transzendentale Erfahrung als solche, in der sich immer der, den wir ›Gott‹ nennen, schweigend dem Menschen zusagt – eben als das Absolute, Unübergreifbare, als das nicht eigentlich in das Koordinatensystem einrückbare Woraufhin dieser Transzendenz, die als Transzendenz der *Liebe* auch eben dieses Woraufhin als das *heilige* Geheimnis erfährt.«[3]
Karl Rahner hat auch über die Chance und die Schwierigkeit, in der Umschreibung dieser Erfahrung das Wort »Gott« zu gebrauchen, Erhellendes und Hilfreiches gesagt: »Die Namen, die man diesem Woraufhin und Wovonher der Transzendenz in der Geschichte der reflexen Selbstinterpretation des Menschen als des transzendierenden Geistes gegeben hat, sind sehr viele. Und nicht jeder dieser Namen vermittelt jedem einzelnen in der konkreten Erfahrung seiner Existenz in gleicher und gleich eingängiger Weise den reflexen Zugang zu dieser ursprünglichen Gotteserfahrung selber. Man kann dieses die Transzendenz tragende Woraufhin und Wovonher gleich ›Gott‹ nennen. Man kann von Sein sprechen, von Grund, von letzter Ursache, vom lichtenden und entbergenden Logos, man kann das Gemeinte noch mit tausend anderen Namen anrufen. Wenn wir ›Gott‹ sagen oder ›Urgrund‹ oder ›Abgrund‹, dann ist natürlich ein solches Wort über das hinaus, was es eigentlich sagen will, immer auch mit Vorstellungen angefüllt, die mit dem eigentlich Gemeinten

nichts zu tun haben. Jeder dieser Begriffe hat immer die Patina der Geschichte – auch der individuellen – so sehr an sich, daß man fast nicht mehr das eigentlich Gemeinte unter einem solchen Wort begreifen kann; wenn wir mit der Bibel und mit Jesus selbst Gott ›Vater‹ nennen, dann ist uns bei der heutigen Kritik an einem solchen Namen sehr begreiflich, wie mißverständlich oder unverständlich ein solches Wort, in dem Jesus sein letztes Gottverständnis und Gottesverhältnis auszusagen wagte, sein kann.«[4]

Daraus folgt für das Verständnis der Texte von New-Age-Anhängern über Gott, daß es für Andersgläubige und -sprachige keinen Grund gibt, über Ausdrücke für Gott die Nase zu rümpfen, wenn sie etwa lauten: »das Fließende«, »die Stille«, »das Spiel des Universums«, »die organisierende Matrix«, »das, was die Materie belebt« (siehe oben den Text von Marilyn Ferguson) oder »die Totalität der universellen Lebensenergien«, »die liebende und zweckvolle Intelligenz«, »das Bewußtsein der Einheit, der Ganzheit und des vollkommenen Seins« (siehe oben den Text von Anthony Brooke). Worauf es ankommt, ist – um es noch einmal mit Karl Rahner zu sagen: »Jede ausdrückliche Gotteserkenntnis in Religion und Metaphysik ist so in dem, was sie meint, darum auch immer nur verständlich und echt vollziehbar, wenn alle Worte, die wir dabei machen, Verweise auf die unthematische Erfahrung unserer Verwiesenheit in das unsagbare Geheimnis hinein sind.«[5]

Man kann nun von den New-Age-Anhängern sagen, daß sie sich nicht nur nicht scheuen, davon zu sprechen, sondern es zu ihrer Grundvoraussetzung machen: Der Mensch bedarf nicht nur der Gotteserfahrung, um als Mensch seine Grundorientierung wieder zu finden, die gegenwärtige Krise zu überwinden und ins »Neue Zeitalter« einzutreten, sondern er ist dieser Gotteserfahrung auch heute noch fähig, kann sie tagtäglich machen und sich darüber auch mit seinesgleichen verständigen. Das ist, im Hinblick auf die positivistische Mentalität (»wirklich« ist nur das, was sich messen läßt) der letzten hundert Jahre wahrlich eine sensationelle Zeitenwende: »Gott« ist wieder »in«, im Sinne der Rahnerschen

Transzendenzerfahrung und der zwar weniger philosophisch und theologisch durchreflektierten, aber nichtsdestoweniger ernstzunehmenden, »gestammelten« Zeugnisse der New-Age-Verschwörer.

2. *»Gipfelerlebnisse« und »göttlicher Bereich«*

Auf einer Konferenz von New-Age-Wissenschaftlern und religiösen Persönlichkeiten im September 1983 im Tiroler Alpbach über das Thema »Andere Wirklichkeiten« hat auch der Benediktiner-Bruder David Steindl-Rast gesprochen. Steindl-Rast studierte in Wien Kunst, Anthropologie und Psychologie, ging 1953 nach USA, wurde Benediktiner und erhielt nach 15 Jahren die Erlaubnis, Erfahrungen mit dem Zen Buddhismus zu machen. Heute engagiert er sich in der »House of Prayer«-Bewegung und der indianischen »Association of Native American Religions« und war einer der Initiatoren des »Center for spiritual Studies«, in dem Hindus, Buddhisten, Juden und Christen zusammenarbeiten. In Alpbach sprach Steindl-Rast darüber, wie wir die Religion wieder religiös machen können. Seine Antwort: durch die Erweckung religiöser Erfahrung, des »Gott in uns«. Dabei hat er auf die »Gipfelerlebnisse«, auf die Sternstunden religiöser Erfahrung vieler Menschen hingewiesen, die der Psychologe Abraham Maslow gesammelt und analysiert hat. Er ist zu dem Ergebnis gekommen: »Daß alle Gipfelerlebnisse sich zu überschneiden oder ähnlich zu sein scheinen, ungeachtet ihrer jeweiligen Ursachen... Unser Inneres ist viel übereinstimmender als unser Äußeres. In anderen Worten: das Persönlichste, Lebendigste in uns ist etwas, das wir alle miteinander teilen (...) In unseren lebendigsten Augenblicken sind wir ein Miteinander.«
Damit nicht abstrakt bleibt, was mit einer solchen Sternstunde, einem »Gipfelerlebnis« gemeint ist, in dem die alltägliche religiöse Erfahrung gipfeln, Rahners Transzendenzerfahrung thematisch werden kann (nicht muß), sei ein Zeugnis mitgeteilt, das

Abraham Maslow gesammelt hat und das von David Steindl-Rast in Alpbach vorgetragen wurde. Es handelt sich um das Kindheitserlebnis einer Mary Austin: »Ich muß zwischen fünf und sechs Jahre alt gewesen sein, als mir diese Erfahrung zustieß. Es war ein Sommermorgen, und das Kind, das ich war, war allein durch den Obstgarten hinuntergegangen und kam am Rand des sanft abfallenden Hügels heraus, wo Gras wuchs und der Wind wehte und ein hoher Baum stand, der sich in die unendliche Weite des blauen Himmels reckte. Nach einer Weile der Stille wurden plötzlich die Erde und der Himmel, der Baum, der wehende Wind, das Gras und das Kind inmitten von all dem miteinander lebendig in einem pulsierenden Licht von Bewußtsein. Ich kann mir die unerwartete, umfassende Bewußtheit alles Einzelnen für das Ganze ins Gedächtnis zurückrufen: ich in allem anderen und alles andere in mir – und wir alle zusammen eingehüllt in eine warme, strahlende Kugel von Lebendigkeit. Ich erinnere mich, wie das Kind überall nach der Quelle dieses Glücks Ausschau hielt. Und endlich fragte es: Gott? Denn Gott war das einzige Wort der Ehrfurcht, das es kannte. Tief innen vernahm es, wie das leise Tönen einer Glocke, die Antwort: Gott-Gott. Wie lange dieser unsagbare Augenblick dauerte – ich weiß es nicht. Er zersprang wie eine Seifenblase, als plötzlich ein Vogel sang; und der Wind wehte, die Welt war wie immer, und nie mehr ganz so wie vorher.«[5]

So sehr diese Schilderung, in der sich vermutlich mehr das religiöse Bedürfnis des Erwachsenen artikuliert als die ursprüngliche Erfahrung des Kindes, mit dem folgenden Gebet an den Gott der Evolution kontrastiert, wie ihn Teilhard de Chardin im Laufe eines langen Forscherlebens erfahren und reflektiert hat, – es handelt sich in jedem Fall um das, worauf es der New-Age-Bewegung ankommt, auf die Überzeugung, die sich auf Erfahrungen stützt: Der Mensch ist kein auf sich selbst gestelltes, vom Ganzen der Welt und seines Geheimnis isoliertes komputerhaftes Gehirnwesen, sondern Teil dieses Ganzes, das Teilhard den »göttlichen Bereich« genannt hat: »Ja, mein Gott, ich glaube es, und ich glaube es um so lieber, weil es ja nicht nur um meine

Beschwichtigung, sondern um meine Vollendung geht: Du bist am Ursprung Ansporn und am Ende Anziehung, und ich kann mein Leben lang nur dem ersten Antrieb und seinen Entfaltungen folgen oder sie begünstigen. Und du bist es auch, der für mich die Myriaden Einflüsse, die jeden Augenblick auf mich eindringen, durch Deine Allgegenwart belebst, mehr belebst als mein Geist die Materie, die er beseelt. – Im Leben, das in mir emporquillt, und in der Materie, die mich trägt, finde ich noch Besseres als Deine Geschenke: Dir selbst begegne ich, Dir, Der Du mich an Deinem Sein teilhaben läßt und mich knetest. In der Tat, im anfänglichen Regulieren und Modulieren meiner Lebenskraft, im günstig fortgesetzten Spiel der Zweitursachen berühre ich, so nah wie nur möglich, die zwei Gesichter Deiner Schöpfertätigkeit. Ich begegne Deinen zwei wunderbaren Händen und ich küsse sie: die Hand, die so tief greift, daß sie sich in uns mit den Quellen des Lebens vermischt, und jene, die so weit umfaßt, daß sich unter ihrem geringsten Druck alle Spannkräfte des Weltalls auf einmal harmonisch beugen. Diese seligen Formen des Erleidens – für mich sind es der Lebenswille, die Freude, so und nicht anders zu sein, und die Gelegenheit, mich nach meinem Gutfinden zu verwirklichen –, sie sind schon ihrer Natur nach von Deinem Einfluß geladen, von einem Einfluß, der mir bald ganz klar als die ordnende Kraft des mystischen Leibes erscheinen wird. Um mich in ihnen mit Dir zu vereinigen, in einer Vereinigung im Ursprung – einer Vereinigung an den Lebensquellen –, muß ich Dich nur in ihnen erkennen und Dich bitten, immer mehr in ihnen zu sein.«[7]

3. *»Mir näher als mein Innerstes«*

Daß die Erfahrung »Gott in uns« auch für die offizielle Kirche keine Ketzerei ist, sondern Inbegriff des christlichen Glaubens, hat Papst Johannes Paul II. in der Geist-Enzyklika vom 18. Mai 1986 unterstrichen. Er hat auch erläutert, warum es möglich ist, daß Gott uns näher ist als wir uns selbst: »Das große Jubiläum, das am Ende dieses Jahrtausends und am Beginn des nächsten gefeiert wird [die Ankunft Jesu Christi vor 2000 Jahren], muß ein machtvoller Aufruf an alle werden, die ›Gott im Geist und in der Wahrheit anbeten‹ (Joh 4,24). Es muß für alle zu einem besonderen Anlaß werden, sich auf das Geheimnis des dreieinigen Gottes zu besinnen, der als solcher die Welt, besonders die sichtbare Welt, völlig übersteigt: ist er doch absoluter Geist – ›Gott ist Geist‹ (Ebd.). Zugleich ist er aber auf wunderbare Weise dieser *Welt* nicht nur *nahe,* sondern in ihr *gegenwärtig* und ihr in gewissem Sinne *immanent;* er durchdringt und belebt sie von innen her. Das gilt vor allem für den Menschen: Gott ist im Innersten seines Seins gegenwärtig, in seinem Denken, Gewissen und Herzen; eine psychologische und ontologische Wirklichkeit, bei deren Betrachtung der heilige Augustinus von Gott sagt: ›Interior intimo meo‹ – ›Mir näher als mein Innerstes selbst‹. Diese Worte helfen uns, die Antwort Jesu an die Samariterin besser zu verstehen: ›Gott ist Geist.‹ Nur der Geist kann *innerlicher sein, als ich mir selbst bin,* sowohl seinsmäßig wie auch in der geistlichen Erfahrung; nur der Geist kann derart dem Menschen und der Welt immanent sein, ohne jegliche Beeinträchtigung oder Veränderung seiner absoluten Transzendenz.«[8]

V. Gott in der Natur: Pantheismus oder Pan-en-theismus?

> Sie sollten Gott suchen, ob sie ihn ertasten und finden könnten; denn keinem von uns ist er fern. Denn in ihm leben wir, bewegen wir uns und sind wir, wie auch einige von euren Dichtern gesagt haben: Wir sind von seiner Art.
>
> *Apostelgeschichte 17,27f.*

Im vorhergehenden Kapitel ist schon angeklungen, wie sehr das Gottesbild der New-Age-Bewegung mit dem neuen Bild von der Natur zusammenhängt. Im »Neuen Zeitalter« wird sich die auf Erfahrung beruhende Erkenntnis bahnbrechen: Der Mensch ist ein Teil der Natur, und die Natur ist der geheimnisvolle Leib Gottes. Dieser Erfahrung steht zunächst der negative Tatbestand gegenüber, wie ihn George Trevelyan beschreibt: »Der intellektuelle, ich-bewußte, sich selbst genügende Mensch hat jegliches Gespür für seinen wahren Zweck in der Welt verloren. Von seiner spirituellen Quelle abgeschnitten, zufrieden mit dem Glanz seiner Erforschung der physikalischen Welt, verleugnet er den Geist und hält das Universum für einen riesigen toten Mechanismus. Da er sich selbst als zufälliges Produkt der Evolution betrachtet, fühlt er sich berechtigt, zu seinem eigenen Vorteil und Ruhm auszubeuten, was er für den toten Mineralkörper des Planeten hält. Wie ein undankbares und verzogenes Kind hat er völlig vergessen, daß dies seine Mutter Erde ist, seine wahre Mutter, eine beseelte Kreatur, und daß er Teil von ihr ist, so wie ein Blutkörperchen ein integraler Bestandteil eines Organismus ist. Da er das Wunder der Wechselbeziehungen im komplizierten Gleichgewicht der gesamten Natur nicht begreift, vergewaltigt er die Erde in seiner Unwissenheit, Arroganz und Habgier.«[1]

1. Die Göttlichkeit der Natur

Vor allem unter dem Einfluß östlicher Religionen sind die New-Age-Anhänger überzeugt, daß die Natur nicht nur göttlichen Ursprungs, sondern selbst göttlich ist, und daß der Mensch als Naturwesen sich seiner Göttlichkeit wieder bewußt werden muß, wenn sein Verhältnis zur Natur, zu Gott und damit auch zu sich selbst wieder in Ordnung kommen soll. Alan Watts (1915–1973), Religionsphilosoph, Psychologe und einer der besten Kenner der indischen Philosophie und des Zen-Buddhismus, schrieb bereits mit fünfundzwanzig Jahren 1940 ein Buch, das unter dem neuen deutschen Titel »Die sanfte Befreiung. Moderne Psychologie und Östliche Weisheit« viele Grundüberzeugungen der heutigen New-Age-Bewegung vorausformuliert hat.
Alan Watts macht zunächst jedoch ebenfalls auf etwas aufmerksam, das wir im vorhergehenden Kapitel betont haben und das nicht oft genug wiederholt werden kann: »Halten Sie sich immer vor Augen, daß die Doktrinen dieser alten Religion eher Symbole für die inneren, persönlichen Erfahrungen sind als Versuche, die metaphysische Wahrheit zu beschreiben. Wichtig ist nicht, ob die Doktrin eine objektive Feststellung über das Universum trifft; wichtig ist die Entdeckung, welche innere Erfahrung, welcher Geisteszustand oder welche Lebenseinstellung den Menschen zu solchen Gedanken bringt.«[2]
Unter diesem Vorbehalt zitiert Watts aus den indischen Upanischaden, jener grundlegenden Sammlung von Sprichwörtern und Parabeln über Brahman, die *Eine* Realität, die sich ausdrückt in der Vielfalt der Formen, Objekte, Aktivitäten und Lebewesen des Universums, und er fragt dann: »Aber was ist die genaue Beziehung zwischen Brahman und seinen Kreaturen? Ist es dieselbe Beziehung vom Schöpfer zum Geschaffenen, wie wir sie in den christlichen und islamischen Vorstellungen finden, oder ist es die pantheistische Beziehung der Teilhabe, in welcher die Kreatur Teil Gottes ist, wo Gott eins ist mit dem Universum? Die Antwort geben die Chandogya-Upanischaden: ›Dieses ganze Universum ist in Wahrheit Brahman. Es ist der Anfang und das

Ende von allem. Gib Ihm, als solchem, in der Stille deine Bewunderung . . . Es gibt einen Geist, der Seele und Leben, Licht und Wahrheit und leerer Raum ist. Er umfaßt alle Werke und Wünsche und Düfte und Geschmäcker. Er umschließt das ganze Universum und gibt in der Stille jedem seine Liebe. Dies ist der Geist, der in meinem Herzen wohnt, kleiner als ein Reiskorn oder ein Gerstenkorn oder ein Senfkorn . . . Das ist der Geist, der in meinem Herzen wohnt, größer als die Erde, größer als das Firmament, größer als der Himmel selbst, größer als all diese Welten.‹«

Watts stellt sich hier selbst die Frage nach Pantheismus oder Pan-en-theismus und kommt zu dem Schluß: »Zuerst klingt das fast wie reinster Pantheismus, aber später sagt derselbe Meister in den Upanischaden: ›Eine unsichtbare und feine Essenz ist der Geist des ganzen Universums. Das ist Realität. Das ist Wahrheit. *Das bist du.*‹ Der Meister sagt seinem Schüler nicht, daß er ein *Teil* Brahmans ist; er sagt ihm, daß er Brahman *ist,* und wenn wir diese Doktrin benennen sollten, müßten wir feststellen, daß es nicht Pantheismus, sondern Panentheismus ist. Die heilige Katharina von Genua drückt es in derselben Weise aus: ›Mein Ich ist Gott; ich kenne mein Selbst nicht, es sei denn in Ihm‹, und weiter: ›Mein Sein ist Gott, nicht durch einfaches Teilhaben, sondern durch wahre Transformation meines Seins.‹«[3] Das erinnert an den Ausspruch des Paulus: »Nicht mehr ich lebe, sondern Christus lebt in mir.« (Gal 2,20)

2. *Die kosmische Bedeutung der Menschwerdung Gottes*

In unserem Zusammenhang kommt es auf die kosmische Bedeutung der Menschwerdung Gottes in Jesus Christus an: Letztere ist der Angelpunkt jeder christlichen Reflexion auf die Frage nach der »Göttlichkeit der Natur«. »In dieser ›Vermenschlichung‹ des Wortes und Sohnes«, heißt es in der Heilig-Geist-Enzyklika des Papstes vom 18. Mai 1986, »erreicht die Selbstmitteilung Gottes ihre endgültige Fülle in der Schöpfungs- und Heilsgeschichte. Diese Fülle findet einen besonders dichten und beredten Ausdruck im Johannesevangelium: ›Das Wort ist Fleisch geworden‹ (Joh 1,14). Die Menschwerdung des Gottessohnes bedeutet nicht nur die Aufnahme der menschlichen Natur in die Einheit mit Gott, sondern gewissermaßen *alles desses, was ›Fleisch‹ ist:* der ganzen Menschheit, der ganzen sichtbaren und materiellen Welt. Die Menschwerdung hat also auch ihre kosmische Bedeutung und Dimension. Indem der ›Erstgeborene der ganzen Schöpfung‹ (Kol 1,15) in diesem individuellen Menschen Christus Fleisch annimmt, vereinigt er sich gleichsam mit der ganzen Wirklichkeit des Menschen, der auch ›Fleisch‹ ist (vgl. zum Beispiel Gen 9,11; Dtn 5,26, Ijob 34,15; Jes 40,6; 52,10; Ps 145,21; Lk 3,6; Petr 1,24), und dadurch mit allem ›Fleisch‹, mit der ganzen Schöpfung.«

Anschließend unterstreicht Papst Johannes Paul II., was die ganze Enzyklika durchzieht: Die Kirche erwartet ein neues Zeitalter, das Zeitalter des Geistes, in dem in besonderer Weise diese intensive Einheit Gottes mit der Natur das Bewußtsein der Menschen ergreift zur Rettung beider: »All dies vollzieht sich durch das Wirken des Heiligen Geistes und gehört darum auch zum Inhalt des zukünftigen großen Jubiläums. Die Kirche kann sich darauf in keiner anderen Weise als *im Heiligen Geist* vorbereiten. Was ›in der Fülle der Zeit‹ [zur Zeit der Menschwerdung des Sohnes Gottes in Jesus Christus, vgl. Mk 1,15] durch das Wirken des Heiligen Geistes geschah, kann heute nur durch sein Wirken im Gedächtnis der Kirche neu erwachen. Durch sein Wirken kann all dies Gegenwart werden in der neuen Phase der Geschichte des Menschen auf dieser Erde: im Jahr 2000 nach Christi Geburt.«[4]

3. »Selbstorganisation des Universums«?

Mit dieser pan-*en*-theistischen Position – »Gott *in* allem« oder auch »Alles *in* Gott« (theos = Gott; pan = alles; en = in) –, in der viele New-Age-Denker mit der christlichen Tradition übereinstimmen, ist ein pantheistisches Mißverständnis abgewehrt, nach dem »Alles Gott ist«: Gott mit dem, was ist, so zusammenfällt, daß er nicht vor, nicht unabhängig von und nicht nach dem Kosmos existieren kann, »Schöpfung« demnach nicht möglich ist. Der Wiener Astrophysiker und Mitbegründer des »Club of Rome« Erich Jantsch (1929–1980) hat noch jüngst in seinem Buch »Die Selbstorganisation des Universums« einen solchen Pantheismus vertreten: »Wir stehen am Beginn einer neuen großen Synthese. Naturgeschichte, unter Einschluß der Menschengeschichte, kann als Geschichte der Organisation von Materie und Energie verstanden werden. Sie kann aber auch als Organisation von Information in Komplexität aufgefaßt werden. Vor allem aber kann sie als Evolution von Bewußtsein – das heißt von Autonomie und Emanzipation – und von Geist aufgefaßt werden. Geist erscheint nun als Selbstorganisations-Dynamik auf vielen Ebenen, als eine Dynamik, die selbst evolviert. In dieser Hinsicht ist Naturgeschichte immer auch Geistesgeschichte. Selbsttranszendenz, die Evolution evolutionärer Prozesse, ist geistige Evolution. Sie spielt sich nicht im Vakuum ab, sondern manifestiert sich in der Selbstorganisation materieller, energetischer und informationeller Prozesse. Damit wird jener Dualismus zwischen Geist und Materie aufgehoben, der das westliche Denken in seinen Hauptströmungen mehr als zwei Jahrtausende lang geprägt hat. In der Selbsttranszendenz, der Erschließung neuer Ebenen von Selbstorganisation – neuer geistiger Ebenen –, orchestriert sich Bewußtsein immer reicher. Im Unendlichen fällt es mit dem Göttlichen zusammen. Das Göttliche aber manifestiert sich dann weder in personaler noch sonstwie geprägter Form, sondern in der evolutionären Gesamtdynamik einer vielschichtigen Realität. Im Buddhismus, der umfassendsten Prozeßphilosophie und -religion, steigt kein dualistisch gesehener Gott auf die Erde herab, wie in den monotheistischen Religionen des Christentums und des Islams. Gautama Buddha war ein Mensch, der sich auf vollkommene Weise – und nicht ohne zu leiden – selbst verwirklichte und damit ans Göttliche heranreichte. Die Menschheit wird nicht von einem Gott erlöst, sondern aus sich selbst heraus. Wie C. G. Jung (1962) es am Ende seines Lebens ausgedrückt hat, kann es sich auch für uns nicht mehr um den dualistischen Gegensatz zwischen Gott und Mensch handeln, sondern nur um die immanente Spannung im Gottesbegriff selbst, wie sie sich in der Mandala des Mystikers Jakob Böhme in den ›Rücken an Rücken‹ stehenden Kreishälften ausdrückt. Dieses innere Ungleichgewicht, die glorreiche Unvollkommenheit des Lebens, ist das Wirksamkeitsprinzip der Evolution. Die Gottesidee steht hier nicht als ethische Norm über und außerhalb der Evolution, sondern wird echt mystisch in die Entfaltung und Selbstverwirklichung der Evolution selbst hineinverlegt. Hans Jonas (1969) hat dieser evolutionären Gottesidee den vielleicht großartigsten Ausdruck verliehen in seinem Gedanken, daß Gott sich in einer Abfolge von Evolutionen immer wieder selbst aufgibt, sich in ihr transformiert mit allen Risiken, die Unbestimmheit und freier Wille im Spiel evolutionärer Prozesse mit sich bringen. Gott ist also nicht absolut, sondern er evolviert selbst – er ist die Evolution. Da wir aber die Selbstorganisations-Dynamik jedes Systems seinen Geist genannt haben, können wir nun sagen, Gott sei zwar nicht der Schöpfer, wohl aber der Geist des Universums.«[5]

Pierre Teilhard de Chardin, selbst Geologe, Paläontologe, Evolutionist, Philosoph und Theologe, hat bereits während des Ersten Weltkrieges und in den zwanziger Jahren ähnliche Überlegungen wie Erich Jantsch angestellt, ist jedoch in dem entscheidenden, uns hier interessierenden Punkt zu einer anderen Überzeugung gekommen. Deshalb konnte er aus eigener Erfahrung auch betonen, hinter den verschiedenen pantheistischen »Ismen« wie Spinozismus, Hegelianismus, Theosophie, Monismus verberge sich eine ernst zu nehmende psychologische Wirklichkeit, ein geistiges Bedürfnis des modernen Menschen, dem das Christen-

tum genügen muß, wenn es seinem Anspruch als Religion der Zukunft gerecht werden will. »Da die derzeitige religiöse Krise aus dem Widerstreit zwischen dem Gott der übernatürlichen Offenbarung einerseits und der geheimnisvollen großen Gestalt des Universums andererseits erwächst, wird der Friede in unserem Glauben nur einziehen, wenn es uns gelingt einzusehen, daß Gott und der Kosmos keine wahrhaften Feinde sind – daß es zwischen ihnen keinen Gegensatz gibt, – daß vielmehr eine Konjunktion zwischen den beiden Sternen möglich ist, deren divergierende Anziehung unsere Seelen zu zerreißen droht. Um heute die Erde zu bekehren und zu befrieden, muß man sehen und den Menschen sichtbar machen, daß Gott selbst es ist, der sie durch den einsmachenden Prozeß des Universums hindurch anzieht und erreicht. Ist dieser Versuch möglich? – Gewiß. Aber unter einer Bedingung: daß wir das Geheimnis der Inkarnation mit allem notwendigen Realismus begreifen.«[6]
Zuvor jedoch, schon 1917, hat Teilhard die Idee einer »Selbstorganisation des Kosmos« in seiner Schrift »Die schöpferische Einigung« als unbefriedigend zurückgewiesen. Zufall und ständiges Experimentieren sind keine den menschlichen Geist befriedigende Erklärung für die Stabilität und die Gerichtetheit der Evolution (auf Herausbildung des Geistes aus der Materie) und erst recht nicht für das unausrottbare Streben des Menschen nach Wahrheit, Freiheit, Liebe und Erlösung: »Da eine sehr große Zahl von Versuchen, die in gleicher Richtung laufen, eine Erfolgsgewißheit mit sich bringen, könnte man behaupten, der unausbleibliche Erfolg der Welt (der für die Befriedigung unseres Denkens und unseres Tuns erforderlich ist), ergebe sich aus der unbegrenzten Wiederholung der Versuche des Vielfältigen, sich zusammenzuordnen; dies würde dann davon entbinden, auf eine der Welt fremde führende Macht zurückzugreifen. Darauf antworte ich, daß dieses Verfahren ›der vielzähligen Versuche‹ (das viele Teilerfolge im Verlaufe der Umwandlungen des Lebens hat sichern können) nicht ausreicht, der Evolution die grundlegende Stabilität zu geben, die wir ihr, gern oder ungern, alle zuerkennen, ohne dafür die wissenschaftliche Begründung geben zu

können. Um den vergangenen Erfolg *unserer* Menschheit zu erklären, mag die Unfehlbarkeit ›der großen Zahlen‹ äußerstenfalls gut sein, unserer Angst vor der Zukunft vermag sie jedoch nichts zu nehmen. Diese vor allem gilt es aber zu beruhigen! Das *mutige, bewußte und reflektierte* Leben ist unmöglich (d. h., es schließt in sich einen inneren Widerspruch ein), es sei denn der Geist (*unser* Geist) hätte für sich eine Erfolgsgarantie, eine Verheißung für die Zukunft. Diese Verheißung und diese Garantie, die weder in der Vergangenheit noch in der Gegenwart liegen, vermag einzig eine Macht zu leisten und zu geben, die Herrin über die Zeit und den Zufall ist. Deshalb kann die Mitte, zu der es die Elemente des Geistes zieht – und dies unter dem Einfluß einer sie beseelenden Anziehungskraft –, einer Einheit entgegen, die die ihre werden soll, nur eine transzendente Realität sein.«[7]

Nur von dieser transzendenten Realität aus, die wir »Gott« nennen, kann das mit Sicherheit erhofft werden, was die Menschen unter »Erlösung« verstehen: das Gelingen, das von Jantsch mit »Selbsttranszendenz«, mit »Evolution von Bewußtsein«, mit der »Erschließung neuer Ebenen« angedeutet wird. So wenig wie »Selbstorganisation« befriedigt deshalb die Idee der »Selbsterlösung«, die Jantsch propagiert.

Auch der Biochemiker Rupert Sheldrake, der mit seiner Hypothese der »morphogenetischen Felder« (siehe unten VIII. 3) Aufsehen erregt hat und die »Selbstorganisation des Universums« noch einsichtiger zu machen versucht, gibt zu bedenken: »Obwohl eine immanente Hierarchie bewußter Formen des Selbstes sehr wohl die evolutionäre Kreativität im Universum deuten könnte, kann sie nicht die primäre Ursache für die Existenz des Universums sein. Auch könnte diese immanente Kreativität kein Ziel haben, solange es im Universum nichts gibt, auf das sie sich zubewegen kann. Danach würde sich die gesamte Natur ständig weiterentwickeln, aber blind und richtungslos [. . .] Das Universum als Ganzes kann nur dann eine Ursache und einen Zweck haben, wenn es durch eine bewußte Kraft geschaffen wurde, die über es selbst hinausgeht.«[8]

Wogegen Erich Jantsch weiterhin polemisiert: gegen den Dualismus zwischen Geist und Materie, gegen die Manifestation des Göttlichen nur in personaler Form, gegen ein dualistisches Verständnis der Menschwerdung Gottes, als existierten Gott und Mensch unverbunden nebeneinander, – dagegen als gegen überholte, zeitgebundene Interpretationen des christlichen Glaubens hat sich auch Teilhard de Chardin gewandt, und das sowohl theoretisch wie aus einer Erfahrung heraus, die er 1916 so beschrieben hat und die zu den großen Zeugnissen moderner christlich-abendländischer Naturmystik gehört: »›Die Welt erschafft sich noch immer, und was sich in ihr vollendet, ist Christus . . .‹ Als ich dieses Wort gehört und begriffen hatte, schaute und gewahrte ich, wie in einer Ekstase, daß ich *durch die ganze Natur in Gott getaucht* war. Das ganze unentwirrbare und beklemmende Netz der materiellen Bindungen, der ganze *plexus* der Grundströmungen, alles stand von neuem vor mir wie zur Stunde des ersten Erwachens, jedoch beseelt und verklärt: denn all diese Dienstbarkeiten, Reize, Rufe ohne Zahl enthüllten sich meinem erleuchteten Blick als geheiligt, vergöttlicht in ihrem Schaffen und in ihrer Zukunft. ›Gott ist überall, Gott ist überall‹ (hl. Angela von Foligno) [. . .] Jede Flutwelle, die mich durchkreuzt, umschlingt oder einfängt, geht letztlich vom Herzen Gottes aus, führt nach Art einer subtilen, wesenhaften Energie die Schwingungen des göttlichen Willens mit sich. Jede Begegnung, die mich liebkost, mich anspornt, mich stößt, mich schürft oder mich bricht, ist eine Berührung mit der vielförmigen, aber allezeit anbetungswürdigen Hand Gottes. Jedes Element, das an mir baut, fließt von Gott über. Gebe ich mich den Umarmungen des sichtbaren und tastbaren Universums hin, dann kann ich mich mit dem läuternden Unsichtbaren vereinigen und mich dem makellosen Geist einkörpern! Gott durchbebt den Äther; und durch ihn gelangt er bis ins Mark meiner materiellen Substanz. Kraft seiner treffen sich, beeinflussen und unterstützen sich alle Körper in der Einheit der totalen Sphäre, deren Grenzmantel wir uns nicht vorzustellen vermögen . . . Gott arbeitet im Leben. Er hilft ihm, richtet es auf, gibt ihm den Ansporn, der es dahinjagt, das Streben, das es zieht, das Wachsen, das es umgestaltet. Ich fühle Ihn, ich berühre Ihn und ich ›lebe‹ Ihn in der tiefen biologischen Strömung, die in meiner Seele kreist und sie mit sich fortwälzt. Gott scheint durch, personifiziert sich in der Menschheit. In meinem Bruder ertrage ich ihn; in den höheren Ordnungen höre ich ihn sprechen – und dann, wie in einer zweiten materiellen Zone, begegne und unterliege ich erneut der beherrschenden und durchdringenden Berührung seiner Hand auf der höheren Ebene der kollektiven und sozialen Energien. Je mehr ich in mich hinabsteige, desto mehr finde ich Gott im Herzen meines Seins; je mehr ich die Verkettungen, die mich an die Dinge heften, vervielfältige, desto enger umschließt er mich – Gott, der in mir das Werk fortsetzt, das so lange währt wie die Weltzeit, das Werk der Inkarnation seines Sohnes.«[9]

4. Die Weltimmanenz Gottes

Wie sehr diese mystische Erfahrung Teilhard de Chardins und vieler christlicher Mystiker vor ihm auch von der christlichen Theologie da, wo sie auf der vollen Höhe der Frömmigkeit und Reflexion angelangt ist, gedeckt wird, bezeugt wiederum katholischerseits Karl Rahner: »Denn wir dürfen ruhig das, was wir Schöpfung nennen, als ein Teilmoment an jener Weltwerdung Gottes auffassen, in der faktisch, wenn auch frei, Gott sich selbst aussagt in seinem welt- und materiegewordenen Logos. Wir haben durchaus das Recht, Schöpfung und Menschwerdung nicht als zwei disparat nebeneinander liegende Taten Gottes ›nach außen‹ zu denken, die zwei getrennten Initiativen Gottes entspringen. Sondern wir dürfen uns Schöpfung und Menschwerdung in der wirklichen Welt als zwei Momente und zwei Phasen *eines* – wenn auch eines innerlich differenzierten – Vorgangs der Selbstentäußerung und Selbstäußerung Gottes denken. Eine solche Auffassung kann sich auf eine uralte Tradition der ›Christozentrik‹ in der Geschichte der christlichen Theologie berufen, in

der eben das schöpferische Wort Gottes, das die Welt setzt, von vornherein diese Welt setzt als eine Materialität, die seine eigene oder die Umwelt seiner eigenen Materialität werden soll.«[10]
Der protestantische Theologe Jürgen Moltmann erläutert im Zusammenhang der Pantheismus-Diskussion noch einmal die Geschichte unseres Denkens über Gott und seine Schöpfung. Er spricht von einem neuen Denken über Gott, das sich jetzt bahnbreche in den christlichen Gruppen. Nicht mehr die Unterscheidung von Gott und Welt stehe im Zentrum, sondern die Erkenntnis von der Gegenwart Gottes in der Welt und der Gegenwart der Welt in Gott. »In einer von pantheistisch denkenden, matriarchalischen Naturreligionen geprägten Umwelt hatte der *Jahweglaube,* wie er im Alten Testament bezeugt wird, mühsam und beharrlich die *Differenz* von Gott und Welt gelehrt: Gott ist nicht weltlich und die Welt ist nicht göttlich aufzufassen. Gott manifestiert sich nicht in den Kräften und Rhythmen der Natur, sondern er offenbart sich in der menschlichen Geschichte, die durch seinen Bund und seine Verheißung bestimmt ist. Darum dürfen die Kräfte der Fruchtbarkeit nicht als göttliche Kräfte verehrt werden. Die Fruchtbarkeitskulte in Kanaan wurden als ›Götzendienst‹ verworfen, und die Umwandlung Jahwes in einen ›Baal‹, eine göttliche Naturkraft, wurde als die schwerste Form der Blasphemie verfolgt. Das Fundament für die permanente Unterscheidung von Gott und Welt war der Schöpfungsglaube, denn in ihm wurde Gott der Welt gegenübergestellt. Gott steht in der *Transzendenz,* und die Welt wird als ›das Werk seiner Hände‹ zur *Immanenz* gemacht: Die Natur wird entgöttert, die Politik wird profanisiert, die Geschichte wird defatalisiert. Die Welt wird zur passiven Materie gemacht. Diese Unterscheidung von Gott und Welt wurde auch von der theologischen Apologetik der Neuzeit verwendet, um die biblischen Traditionen an die *Säkularisierungsprozesse* der europäischen *Neuzeit* anzupassen. Die rücksichtslose Eroberung und Ausbeutung der Natur, von der die europäische Neuzeit fasziniert war, fand ihre passende religiöse Legitimation in jener alten Unterscheidung von Gott und Welt. Damit wurde freilich die kritische Wahrheit jener alttesta-

mentlichen Unterscheidung verfälscht. Ohne sie preiszugeben, muß eine ökologische Schöpfungslehre heute die *Weltimmanenz Gottes* wahrnehmen und lehren. Sie weicht damit nicht von den biblischen Traditionen ab, sondern kommt vielmehr auf ihre ursprüngliche Wahrheit zurück: Gott *der Schöpfer* von Himmel und Erde ist *in* jedem seiner Geschöpfe und in ihrer Schöpfungsgemeinschaft durch seinen *kosmischen Geist* präsent [. . .] Durch die Kräfte und Möglichkeiten des Geistes wohnt der Schöpfer seinen Geschöpfen ein, belebt sie, erhält sie im Dasein und führt sie in die Zukunft seines Reiches. Die *Geschichte der Schöpfung* ist in dieser Hinsicht die Wirkungsgeschichte des göttlichen Geistes [. . .] Ist der Schöpfer kraft des Geistes in seiner Schöpfung selbst präsent, dann ist seine Beziehung zur Schöpfung eher als ein vielfältiges *Netz* einseitiger, wechselseitiger und mehrseitiger Beziehungen anzusehen. In diesem Beziehungsnetz benennen ›Schaffen‹, ›Bewahren‹, ›Erhalten‹ und ›Vollenden‹ zwar die großen *einseitigen* Beziehungen, aber ›Einwohnen‹, ›Mitleiden‹, ›Teilnehmen‹, ›Begleiten‹, ›Erdulden‹, ›Erfreuen‹ und ›Verherrlichen‹ sind *wechselseitige* Beziehungen, die eine kosmische Lebensgemeinschaft zwischen Gott dem Geist und allen seinen Geschöpfen bezeichnen.«[11]

Heißt das, daß das Paradies nicht hinter uns, sondern noch vor uns liegt, und daß es nicht abwegig ist, wenigstens irgendwo auf dieser Welt den Garten Eden zu suchen oder zu versuchen?

VI. Auf der Suche nach dem Garten Eden

> Gott, der Herr, nahm also den Menschen und setzte ihn in den Garten von Eden, damit er ihn bebaue und hüte.
>
> *Genesis 2,15*

Klaus Michael Meyer-Abich, Professor für Naturphilosophie und Senator für Wissenschaft und Forschung in Hamburg, ist einer breiteren Öffentlichkeit vor allem nach der Tschernobyl-Katastrophe durch das Buch »Die Grenzen der Atomwirtschaft« bekannt geworden. In ihm hat er zusammen mit dem Mathematiker, Nationalökonomen und Professor für Wirtschaftstheorie an der Universität Frankfurt, Bertram Schefold, das Ergebnis der bislang umfassendsten und gründlichsten Technologiebewertung in der deutschen Wissenschaft vorgelegt mit dem Ergebnis: »Der Ausstieg aus der Atomenergie ist möglich. Eines der wichtigsten Ergebnisse unseres Forschungsprojekts ist, daß die Bundesrepublik energiepolitisch in einer Verzweigungssituation steht und daß es einen volkswirtschaftlich mindestens gleichwertigen Ersatz für die Atomenergie gibt: die Energiequelle Energieeinsparung (der Ersatz von Energie durch Investitionen und technisches Wissen bei gleichem Nutzen) und die Nutzung der Sonnenenergie.«[1]

Daß wir uns durch den Verzicht auf die weitere, unverantwortlich risikoreiche Atomenergie und durch den Rück- und Ausgriff auf die Möglichkeiten der Sonnenenergienutzung auf einen Weg in Richtung paradiesischer Zustände begeben, ist nicht unwahrscheinlich. Denn sicher ist, daß immer mehr die Überzeugung um sich greift: Es gibt keinen anderen Weg aus der gegenwärtigen Krise der technisierten Welt als eine schrittweise Annäherung des einzelnen und der Menschheit insgesamt an die Natur, und zwar in der Regel nicht an die ursprüngliche, wilde, sondern an jene Natur, die der Mensch »bebaut und hütet«, wie es in der Bibel heißt, an die kultivierte Natur, an den Garten. Klaus Michael Meyer-Abich hat denn auch zur Überraschung mancher seiner Physiker- und Philosophen-Kollegen sowie seiner politischen Freunde 1984 in seiner »Praktischen Naturphilosophie für die Umweltpolitik« geschrieben: »Ich halte den Garten für die Keimzelle einer Erneuerung unserer Kultur. In einem Garten hat ja auch einmal alles angefangen. Hier gilt es heute (wie in Kleists ›Marionettentheater‹) erneut vom Baum der Erkenntnis zu essen, der dann zum Baum des Lebens wird. Die im Garten erneuerte Naturwahrnehmung kann in einer neuen Ästhetik des Alltags Gestalt gewinnen und für das Industriesystem den Weg der Umkehr zum Leben weisen.«[2]

1. Findhorn: mehr als biologisches Gärtnern?

Es ist sicher kein Zufall, daß der »Garten« auch in der New-Age-Bewegung diesen Stellenwert hat und durch den Findhorn-Garten im Norden Schottlands zu einem Symbol für das New-Age-Verhältnis zur Natur geworden ist. Der schon oben erwähnte Sir George Trevelyan, Sohn des adeligen Kabinettsministers Sir Charles Trevelyan und Neffe des Historikers G. M. Trevelyan, ist einer der Begründer der Erwachsenenbildung in England und ein wißbegieriger Kenner Rudolf Steiners und dessen ›biologisch-dynamischer‹ Anbaumethoden auf der Grundlage der Erforschung ›ätherischer Formen‹ von Kräften. Er hat Findhorn besucht und darüber eine Denkschrift veröffentlicht, in der es unter anderem heißt: »An Ostern 1968 war ich bei Peter Caddy, der mit einer kleinen Gruppe von Freunden auf dem Wohnwagen-Platz an der Findhorn-Bay bei Boray, Schottland, lebt. Ihre Caravans sind umgeben von einem zauberhaften Garten. Ich sah Osterglocken und Narzissen, so groß wie nie zuvor, in Beeten, die mit anderen Blumenarten gedrängt voll waren. Ich bekam von den besten Gemüsen zu kosten, die ich je kennengelernt hatte

[. . .] Andere Caravan-Camper, von dem blühenden Gedeihen um die Wohnwagen ihrer Nachbarn angeregt, pflanzten auch Kohl und Narzissen; miserable, dürftige Pflänzchen nur kamen zum Vorschein. Caddy spricht von einem vierzigpfündigen Kohlkopf, den er geerntet habe! Stroh und Dung vom Bauernhof bringt er in den Sand ein und kompostiert. Einige Beete sind locker mit Stroh bedeckt, darunter eine dünne Schicht Komposterde; manche scheinen schon mit einem sehr geringen Anteil Humus unter dem staubigen Sand Frucht zu tragen [. . .] Hier wurde biologische Landwirtschaft im besten Sinne betrieben, aber die Resultate verblüfften mich zu sehr, um dies als ausreichende Erklärung annehmen zu können. Caddy begann mit diesem Garten 1963; er hatte zuvor in seinem Leben noch nie auch nur einen Samen ausgesät [. . .] Ich drängte Caddy um eine Erklärung. – Wir müssen nun einen entscheidenden, großen Schritt wagen; was folgt, ist so kontrovers, daß es dem einen sofort einleuchten, dem anderen als nicht zu akzeptierender, barer Unsinn erscheinen mag. Für Caddy und seine Gruppe ist Gott Mittelpunkt ihres Lebens. Caddys Frau hat täglich Kontakt mit der höchsten geistigen Ebene, von wo sie unmittelbaren Rat und Belehrung empfängt. Auch Dorothy Maclean ist sensitiv. Als sie geheißen wurden, auf diesem nichtsversprechenden Boden mit der Anlage eines Gartens zu beginnen, hatten sie mit vielen Schwierigkeiten wegen ihrer Unerfahrenheit auf diesem Gebiet fertig zu werden. Aber sie baten auf diesem ungewöhnlichen Weg um Rat und Hilfe. Sie wußten von der Welt der Devas, Wesenheiten, die man die Baumeister der Pflanzenwelt nennen könnte. So beschlossen sie, um Hilfe zu bitten, und Dorothy setzte sich einfach in der Meditation mit der Erbsen-Deva in Verbindung. Natürlich wirken alle Gärtner mit ›grünen Händen‹ durch ihre Liebe zu den Pflanzen in Zusammenarbeit mit der Welt der Naturgeister, wenn auch unbewußt. Das Neue an Findhorn ist, daß wir es hier mit einer Gruppe absoluter Laien zu tun haben, die ganz von vorne mit der Gärtnerei anfingen, wobei sie von Beginn an ganz bewußt ihr Tun auf die Zusammenarbeit mit der Welt der Devas gründen, mit der sie in unmittelbarem gedanklichen Kontakt stehen [. . .] Sie beweisen buchstäblich, daß auch die Wüste aufblühen kann wie eine Rose. Die erstaunlich kurze Zeitspanne, in der dies erreicht werden kann, wird hier ebenfalls vor Augen geführt. Wenn dies in Findhorn so schnell möglich ist, muß es auch in der Sahara möglich sein. Wenn genügend Menschen bereit wären, diese Kooperation bewußt in der Tat zu nutzen, könnte in den unfruchtbarsten Gebieten unserer Erde Nahrung in Fülle angebaut werden. Denn es gibt im Grunde genommen keine Grenzen mehr, wenn der ›Faktor X‹ vor allen bekannten biologischen Anbaumethoden ins Spiel gebracht wird.«[3]

2. *Biblischer Glaube an die Vorsehung*

Der »Faktor X«, das ist zunächst Gott, das ist seine Weisung, die in Findhorn zum Beispiel so lautete: »Warum sollen nicht all eure Bedürfnisse erfüllt werden? Seid ihr nicht Meine Kinder; habe Ich nicht Meine Hände auf euch gelegt? Glaubet, daß alle Dinge möglich sind und handelt entsprechend. Dann legt ihr nichts mehr beiseite für einen Regentag. Deshalb hortet nie etwas. Was immer ihr habt – seht und gebraucht es als ein Geschenk von Mir. Wisset: Wo dies herkam, da ist noch viel mehr. Denkt immer daran, und ihr werdet nicht mehr nach vorne ausschauen oder zurückblicken. Dann werdet ihr in der Fülle des Augenblickes, des Jetzt, leben. Seht, wie euren Bedürfnissen entsprochen wird, und saget Dank allezeit.«[4]

Dieser Text erinnert an den Geist und stellenweise auch an den Wortlaut des biblischen Jesus: »Bittet, dann wird euch gegeben . . . Wenn nun schon ihr, die ihr böse seid, euren Kindern gebt, was gut ist, wieviel mehr wird der Vater im Himmel den Heiligen Geist denen geben, die ihn bitten.« (Lk 11,9–13) »Jesus sagte: Laßt die Kinder zu mir kommen; hindert sie nicht daran! Denn Menschen wie ihnen gehört das Himmelreich. Dann legte er ihnen die Hände auf.« (Mt 19,14f.). »Alles kann, wer glaubt.«

(Mk 9,2) »Seht euch die Vögel des Himmels an: Sie säen nicht, sie ernten nicht und sammeln keine Vorräte in die Scheunen; euer himmlischer Vater ernährt sie. Seid ihr nicht viel mehr wert als sie? . . . Macht euch also keine Sorgen und fragt nicht: Was sollen wir essen? Was sollen wir trinken? Was sollen wir anziehen? Denn um all das geht es den Heiden. Euer himmlischer Vater weiß, daß ihr das alles braucht. Euch aber muß es zuerst um sein Reich und um seine Gerechtigkeit gehen; dann wird euch alles andere dazugegeben. Sorgt euch also nicht um morgen; denn der morgige Tag wird für sich selbst sorgen. Jeder Tag hat genug eigene Plage.« (Mt 6,26–34) »Sagt Gott, dem Vater, jederzeit Dank für alles im Namen Jesus Christi, unseres Herrn!« (Eph 5,20)

3. Naturgeister, Devas und Engel

Der »Faktor X«, das sind dann Gottes Helfer in der Natur, die Naturgeister, die Devas. Dorothy Maclean »nannte die Wesen, mit denen sie Kontakt hatte, Devas. Deva ist ein indischer Begriff und bedeutet ›Wesen des Lichts‹. Als der Sommer kam, hatten sie schon Hunderte von Botschaften von den Devas und anderen Engelwesen bekommen, unter anderem: Buschbohnen-Deva: ›Die erste Saat war zu tief gelegt, und zu einer Zeit, als die Kräfte des Gartens noch nicht stark genug waren. Sie werden nicht kräftig herauskommen.‹ Tomaten-Deva: ›Es ist noch zu kühl, aber wir werden versuchen, die Pflänzchen zu beschützen. Ihr könnt ihnen jetzt flüssigen Dünger geben. Laßt den Windschutz jetzt noch stehen, bis sich die Früchte einigermaßen gebildet haben.‹ [. . .] Landschafts-Engel: ›Glaubt nicht, ein verregneter Tag wie heute sei nicht gut. Wir können ihn nutzen, um bestimmte Kräfte in den Regentropfen hinabzuschicken [. . .] Je eher ihr den Kompost wendet, desto eher wird er fertig sein. Wir bräuchten etwas mehr Sonnenschein, aber die Pflanzen kommen ganz gut. Kommt nur alle und bewundert unser Werk, das tut uns

gut.‹ Kürbis-Deva: ›Wir sind glücklich über diesen direkten Kontakt! Wir fühlen und sehen die Kräfte im Garten, aber der unmittelbare Kontakt ist ebenso ein Vergnügen – das ist etwas Neues.‹ [. . .] Dorothy hieß jede neue Pflanze willkommen, die Peter in den Garten brachte, und nahm mit der jeweiligen Deva Kontakt auf. Fragen allgemeiner Natur beantwortete der Landschafts-Engel als Sprecher aller Devas, der ihnen mitteilte, sie sollten diesen Garten und die Pflanzen mehr unter dem Aspekt von Strahlungen und Schwingungen sehen, als sie chemisch-zergliedernd als Ansammlung von Molekülen und Elementen sich vorzustellen. Die Gärtner erfuhren so, daß das Allerwichtigste, das sie tun konnten, sei, den Pflanzen von innen heraus ein Gefühl von Liebe und Achtung entgegenzubringen; so könnte auch jeder andere teilhaben an Gottes Schöpfung. ›Peters Schwingungen sind kräftig und bestimmt; diese Eigenschaften können wir gut verwenden und dem Wachstum der Pflanzen zukommen lassen. Jeder Gärtner steuert seinem Garten unbewußt auf diese Weise bei; geschieht dieser Beitrag bewußt, ist er viel wirkungsvoller. Bestimmte Menschen können das Pflanzenwachstum stimulieren, andere haben eher einen niederdrückenden Effekt und ziehen von der Pflanze selbst Kräfte ab. Fröhlichkeit hat eine sehr gute Wirkung auf Pflanzen, auch spielende Kinder. Unsere Strahlungen sind viel mehr verflochten, als du wahrnimmst. Die Naturgeister verstecken sich scheu vor den Menschen; sie können nicht anders, da sie sich verletzt fühlen durch deren Schwingungen, denn sie sind offene Geschöpfe ohne die vielen Schalen, die die Menschen um sich haben.‹«[5]
Der Christ sollte nicht überrascht sein, wenn die uralte Überzeugung der Menschheit von der Existenz von Wesen zwischen Gott und dem Menschen heute wieder aufbricht. Ins Christentum war dieser Glaube, ausgehend von den orientalischen Religionen über das Alte Testament und die Botschaft Jesu und deren Ausdeutung in den Schriften des Neuen Testamentes gelangt und immer festgehalten worden: »In Jerusalem gibt es beim Schaftor einen Teich, zu dem fünf Säulenhallen gehören; dieser Teich heißt auf hebräisch Betesda. In diesen Hallen lagen viele Kranke,

darunter Blinde, Lahme und Verkrüppelte [, die auf die Bewegung des Wassers warteten. Ein Engel des Herrn aber stieg zu bestimmter Zeit in den Teich hinab und brachte das Wasser zum Aufwallen. Wer dann als erster hineinstieg, wurde gesund, an welcher Krankheit er auch litt.]« (Joh 5,2–4) In den letzten beiden Jahrhunderten trat dieser Glaube jedoch zurück, weil man so recht nichts damit anfangen konnte. Anzeichen dafür ist zum Beispiel die Anmerkung in der »Einheitsübersetzung der Heiligen Schrift« von 1980, in der es zu den oben eingeklammerten Versen heißt: »Dies ist wohl ein deutender Zusatz zum ursprünglichen Text.« Wie dem textkritisch auch sei, man meinte, Engelerscheinungen fielen unter die Kategorie der »Wunder«, und für Wunder gab es nach Ausweis der Naturwissenschaften und der ihnen folgenden Philosophien und Theologien keinen Platz mehr. Galt das schon für das Verhältnis des Menschen zu Gott, das im Laufe der Geschichte des Christentums immer mehr als einzig durch Jesus Christus vermittelt verstanden wurde unter mehr oder weniger bewußtem Ausschluß aller sonstigen Mittlerwesen, so war für Naturwesen, für kosmische Geister erst recht kein Platz auszumachen.
Doch schon im 19. Jahrhundert gab es christliche Stimmen, die gerade im Hinblick auf die Natur den alten christlichen Glauben bekannten. In der berühmten Geschichte seiner religiösen Überzeugungen »Apologia pro vita sua« schrieb Kardinal Newman (1801–1890): »Ich meine, es war auch die alexandrinische Schule und die Urkirche, denen ich im besonderen verdanke, was meine endgültige Überzeugung von den Engeln wurde. Ich schaute sie nicht nur als die Diener an, denen sich der Schöpfer in der jüdischen und christlichen Offenbarung bedient, wie wir sie auf den ersten Blick in der Heiligen Schrift finden, sondern auch als die, welche – wie es die Heilige Schrift auch einschließt – den Bau der sichtbaren Welt weiterführen. Ich hielt sie für die wirklichen Ursachen von Bewegung, Licht und Leben und jenen Grundgesetzen des irdischen Universums, die, wenn sie sich unseren Sinnen in ihren Funktionen darbieten, uns die Wahrnehmung von Ursache und Wirkung nahelegen und das, was man

Naturgesetze nennt. Diese Lehre habe ich in meiner auf den Michaelstag 1831 geschriebenen Predigt weiter ausgeführt. Ich sage da von den Engeln: ›Jeder Luftzug, jeder Lichtstrahl, jede Ausstrahlung von Wärme, jeder herrliche Anblick sind in ihrem Sosein die Säume ihrer Gewänder, das Wehen der Kleider derer, die Gott von Angesicht zu Angesicht schauen.‹ Und wiederum frage ich, was wohl der Gedanke eines Menschen wäre, der ›wenn er eine Blume, ein Kraut, einen Kieselstein oder einen Lichtstrahl untersucht, die er auf der Stufenleiter des Existierens als etwas ihm ganz Untergeordnetes ansieht, wenn er plötzlich entdeckte, daß er sich einem mächtigen Wesen gegenüber befindet, welches hinter den sichtbaren Dingen, die er untersuchte, verborgen war? Das Wesen verberge zwar seine weise Hand, aber als Gottes Diener für diese Aufgabe habe es ihnen ihre Schönheit, Anmut und Vollendung gegeben, ja jene Dinge, die man so eifrig untersuchte, wären nichts als ihr Gewand, ihr Schmuck?‹«[6]

Wenn der 1985 von der Deutschen Bischofskonferenz herausgegebene neue »Katholische Erwachsenenkatechismus« einerseits auch davor warnt, die Engel-Aussagen zum Zentrum oder zu einem um seiner selbst willen wichtigen Gegenstand der christlichen Verkündigung und des Glaubens zu machen, so unterstreicht er andererseits: »Umgekehrt dürfen wir die kosmische Dimension, die sich in ihnen ausspricht, nicht zugunsten einer anthropologischen Engführung übersehen. In der biblischen und kirchlichen Rede von Engeln wie von den Dämonen geht es um die universalkosmologische Dimension der Geschichte Gottes mit den Menschen. Sie erst gibt dieser Geschichte ihre Dramatik und ihre universale Dimension.«[7]

Alfons Rosenberg (1902–1985), der christlich-ökumenische Altmeister der Symbolforschung, hat im Nachwort seiner Gesamtschau der Engel-Überlieferung auch noch die Brücke zum sich gegenwärtig wandelnden Weltbild der Naturwissenschaften geschlagen: »Ein anderer Weg, Einsicht in das Wesen der Engel nicht nur durch Kenntnis der Überlieferung, sondern auch auf Grund heutiger Erfahrungen zu gewinnen, könnte gerade durch jene Naturwissenschaften betreten werden, deren Repräsentanten die Existenz der Engel, wie sie meinen, aufgeklärt und sie damit ›getötet‹ haben. Gewiß sprechen die Naturforscher, wenn sie sich den Urphänomenen nähern, nicht von ›Engeln‹, sondern von gesteuerter Energie, von Welle und Korpuskel, von den Weltsystemen der Atome, Protonen und Neutronen. Sie verkünden, daß Materie geformte Energie sei; sie sprechen von Kraftfeldern des Mikro- und Makrokosmos, in denen sich Energie unaufhörlich im Wechselspiel der Gestalten manifestiert. Die moderne Naturwissenschaft untersucht und formuliert die unanschaulichen Hintergrundereignisse und zeigt, wie aus unsichtbaren Kraftbereichen Einwirkungen auf die Bildung stofflicher Gestalten ausgeht. Wenn auch mit gänzlich neuen Begriffen und Anschauungsweisen, bezeugt also die Naturwissenschaft das Dasein und Wirken ungeheuerer Kräfte und Mächte, deren Einwirkungen wir zwar verspüren, die aber trotz Formeln und Schemata unsere Begriffe übersteigen. Für diese Kräfte hat auch die heutige Wissenschaft keine wirklichen, das Wesentliche aussagenden Namen – die Namen, die sie diesen gibt, sind bloße Arbeitstitel. Da es aber nur eine, wenn auch vielschichtige Wirklichkeit gibt und weil die Forschungen der Wissenschaft wie die Erfahrungen der Religionen die gleichen Phänomene, wenn auch von verschiedenen Standorten aus, zu erschließen versuchen, so muß in den Erkenntnissen der Wissenschaften die gleiche Wirklichkeit eingefangen sein, von der die Seher und Dichter Zeugnis ablegen [. . .] Zweifellos ist der moderne Konflikt zwischen dem naturwissenschaftlichen Weltverständnis und der alten Engelgnosis aus einer echten Problemlage hervorgegangen: aus dem scheinbaren Widerspruch zwischen dem neuen und dem alten Wissen. Darum kann erst ein neues geistiges Verständnis der Schöpfung und ihrer Materie, wie sie heute unter anderen von der Atomphysik, der aus ihren Erkenntnissen abgeleiteten Philosophie und dem neuen Ganzheitsdenken angebahnt wird, aus diesem durch die Hochaufklärung verursachten Zwiespalt herausführen.«[8]

Die Vertreibung von Adam und Eva aus dem Paradies ließ Gott durch Engel vollstrecken: »Er vertrieb den Menschen und stellte

östlich des Gartens von Eden die Kerubim auf und das lodernde Flammenschwert, damit sie den Weg zum Baum des Lebens bewachten.« (Gen 3,24) Wird sich der Geist Gottes zu Beginn des Neuen Zeitalters noch einmal der Engel bedienen, diesmal um den Menschen den Garten Eden wieder zu öffnen. Sprechen nicht Engel zu uns, wenn wir uns unserer Verwandtschaft mit der Tier- und Pflanzenwelt bewußt werden, uns zur Verteidigung der geschändeten Natur aufgerufen fühlen und für die Rechte der vom Aussterben bedrohten, noch so unscheinbaren Pflanzen- und Tierarten eintreten, wenn in uns beim Anblick eines Vergiß-meinnichts die Sehnsucht nach dem Paradies entbrennt?
Warum soll es unter uns nicht schon jetzt sensible Mitmenschen geben, die sich nicht nur in Menschenseelen, sondern auch in Tier- und Pflanzenseelen einfühlen können und mit ihnen wie einst Franz von Assisi »reden«? »Warum soll es«, zitiert Klaus Michael Meyer-Abich den Physiker und Philosophen Gustav Theodor Fechner mit seinem Buch »Nanna, oder über das Seelenleben der Pflanzen« (1848), »zu den Seelen, die da laufen, schreien und fressen, nicht auch Seelen geben, die still blühen, duften, im Schlürfen des Thaues ihren Durst, im Knospentriebe ihren Drang, im Wenden gegen das Licht noch eine höhere Sehnsucht befriedigen? Ich wüßte doch nicht, was an sich das Laufen und Schreien vor dem Blühen und Duften für ein Vorrecht voraus hätte, Träger einer Seelenthätigkeit und Empfindung zu sein; nicht, wiefern die zierlich gebaute und geschmückte Gestalt der reinlichen Pflanze minder würdig sein sollte, eine Seele zu hegen, als die unförmliche Gestalt eines schmutzigen Wurmes? Sieht ein Regenwurm uns seelenvoller an als ein Vergißmeinnicht?«[9]

VII. Die Transformation des Bewußtseins

> In den letzten Tagen wird es geschehen, so spricht Gott: Ich werde von meinem Geist ausgießen über alles Fleisch. Eure Söhne und eure Töchter werden Propheten sein, eure jungen Männer werden Visionen haben, und eure Alten werden Träume haben.
>
> *Der Prophet Joel*
> *nach Apostelgeschichte 2,17*

Die New-Age-Anhänger sind zutiefst davon überzeugt, daß der archimedische Punkt, von dem aus die alte Welt aus den Angeln gehoben werden kann, die Transformation, die Verwandlung, Erweiterung und Vertiefung unseres Bewußtseins ist. Diese Verknüpfung zwischen der inneren Transformation des eigenen Ich zum ganzheitlich fühlenden Bewußtsein und der daraus folgenden zwischenmenschlichen, gesellschaftlichen, politischen und ökologischen Aktion und Transformation ist für die New-Age-Bewegung charakteristisch.

1. Bei den Transpersonalisten in Kalifornien

Doch sind Bewußtseinskorrektur und Bewußtseinserweiterung nicht leerer Wahn, Einbildung, von cleveren Psychologen ausgedacht, wie es Michael Haller in einem Spiegelbericht nahegelegt?

»Sie wollen ihr Bewußtsein nach Art der Schamanen erweitern und Aufschluß erhalten über das Leben nach dem Tod: die ›Transpersonalisten‹ aus Kalifornien. Nach Gruppendynamik und Okkultismus ist Transpersonalisation nun neue Psycho-

Mode auch in Westeuropa. Ärzte und Psychologen sind da tätig, aber auch Scharlatane der Spiritisten-Szene [...] Samtig weich tönt die Stimme. ›Sie versinken im Boden‹, raunt sie, ›tiefer, immer tiefer. Sie verschmelzen mit der Erde ringsum.‹ Sternförmig, die Füße zur Mitte, liegen wir regunglos am Boden: 14 Erwachsene, alle in Rückenlage, die Augen geschlossen. Wir sinken und verschmelzen. ›Nun sind Sie tief drinnen in der warmen Mutter Erde, alles um Sie ist schwarz. Es herrscht tiefe Nacht‹, sagt die Stimme. Dann, nach einer kurzen Pause: ›Jetzt sehen Sie über sich in weiter Ferne eine kleine, helle Öffnung: ein Stück Himmel.‹ Ein erleichtert seufzendes, vielstimmiges ›Aaah!‹ breitet sich aus. Dann ist wieder nur unser Atem zu hören. In tiefen, gleichmäßigen Zügen entweicht er durch die offenen Münder, von leisen Stöhnlauten begleitet [...] Im Grunde geht es um die nicht ganz neue Frage, was wohl unserem Bewußtsein die absolute Grenze setzt: Ist es der Horizont unserer fünf Sinne? Der Schritt vom Leben zum Tod? Oder etwa die Beschränktheit der Einbildungskraft, die unsere Phantasie – trotz Johannes-Evangelium, Timothy Leary und Erich von Däniken – in Grenzen hält? [...] Unter der Anleitung routinierter Trainer wollen sie alle das erleben, was sie ›Bewußtseinserweiterung‹ nennen: den Ausbruch aus der Enge des eigenen Hirns, um für Augenblicke eins zu sein vielleicht mit dem Wind, den Sternen am Himmel und den Geschöpfen der Natur – oder um den totalen Ausstieg zu proben aus dem Raster von Raum und Zeit in eine mutmaßlich jenseitige Welt, in der unsere Vergangenheit gegenwärtig sein soll [...] Glaubt man Anne-Marie [einem Gruppenmitglied], dann ist das letzte Quartal dieses Jahrhunderts eine Zeit auch des kosmischen Wertewandels, weil die Sonne derzeit vom Sternenbild der Fische zu dem des Wassermanns wandert – ›eine Epoche schwerster Krisen‹, nicht nur auf der Erde; und darum auch eine Zeit der ›Neubesinnung auf unseren kosmischen Ursprung‹, wie sie sagt. Woher sie dieses Wissen habe? Anne-Marie rechnet sich zu einer bereits neuen Bewegung, Avantgarde der vermutlich nächsten Psycho-Welle, die über Europa hereinbrechen wird. Sie nennt sich die ›Die sanfte Verschwörung im

Zeichen des Wassermanns‹ und setzt die Transpersonalisten-Bewegung als globales Gesellschaftsprogramm eines ›New Age‹, einer neuen Epoche, fort. Die ›Verschwörer‹ [...] sind fest davon überzeugt, daß sich ihre kosmische Weltordnungs-Idee mit derselben Notwendigkeit durchsetzen wird wie einst die Botschaft der Urchristen im dekadenten alten Rom. Doch wie einst die weltweite Christianisierung, so wird wohl auch diese Globalverschwörung, kommt sie zustande, kein Weg der Erlösung sein, sondern zum Opium fürs Volk verkommen – und schließlich so enden wie jeder andere Seelentrip: mit innerem Schaudern und ein bißchen Kopfweh.«

2. *Der rechten Gehirnhälfte eine Chance*

Dieser Einschätzung des Spiegelreporters könnte ein New-Age-Verschwörer mancherlei entgegenhalten: Erstens kann man in einer Meditationsgruppe keine der gesuchten Erfahrungen machen, wenn man sich nicht dazu entschließt, das nicht-partizipierende Bewußtsein, die typische Einstellung des kritischen Journalisten, aufzugeben zugunsten eines partizipierenden Bewußtseins, des Willens zur Teilnahme. Dazu gehört ein gewisses Sich-Loslassen, die Transformation der bisherigen Gewohnheiten und Einstellungen, ein Eingehen auf Risiken, die damit verbunden sind.

Zweitens läßt sich nicht bestreiten, daß es in allen Kulturen eine anerkannte Tradition der Meditation gibt, aus deren Schule oft die schöpferischen Persönlichkeiten hervorgegangen sind, von denen wir heute noch zehren. Genau betrachtet sind die großen Musiker, Künstler, Architekten, Philosophen, Theologen und auch Naturwissenschaftler ohne mehr oder weniger Meditation genannte Praktiken der Einkehr, der Besinnung, der Versenkung in den Zusammenhang des Kosmos nicht denkbar.

Drittens hat die moderne Gehirnforschung, wie Marilyn Ferguson in ihrem ersten Buch über »Die Revolution der Gehirnfor-

schung«[2] gezeigt hat, genügend Anhaltspunkte dafür gegeben, daß die von der Menschheit geübte Meditation durchaus der Struktur des menschlichen Gehirns entspricht. Denn Meditation hilft mit, zwischen unserer – durch Operation an Epilepsiefällen nachgewiesenen – linken und rechten Gehirnhälfte mit ihren unterschiedlichen Begabungen und Funktionen die Brücke zu schlagen, zwischen dem analysierenden und synthetisierenden, zwischen dem abstrakt-logischen und dem konkret-fühlenden, zwischen dem nicht-partizipierenden, objektivierenden und dem partizipierenden, subjektivierenden Bewußtsein. In der Meditation drängen wir die kulturbedingte Vorherrschaft des linken Gehirns zurück und geben dem rechten eine Chance. Kein Wunder, daß uns die besten Ideen beim erholsamen Spaziergang in der Natur »einfallen«, wenn wir unseren Kopf am wenigsten anstrengen. Doch hören wir Marilyn Ferguson selbst:
»Wir neigen dazu, das ›Ich‹ mit der ›verbalen‹ – Worte formenden – linken Gehirnhälfte und deren Arbeitsweisen gleichzusetzen, jenem Teil von uns, der sich über Erfahrungen äußern und sie analysieren kann. Die linke Hemisphäre kontrolliert im wesentlichen die Sprache. Sie fügt hinzu, subtrahiert, setzt Bindestriche, mißt ab, teilt ein, organisiert, benennt, klassifiziert usw. Obwohl die rechte Hemisphäre wenig Kontrolle über den Sprachmechanismus ausübt, versteht sie die Sprache und gibt unserer Sprechweise deren emotionelle Färbung. Wenn eine bestimmte Region des rechten Gehirns beschädigt ist, wird die Sprechweise monoton und farblos. Die rechte Hemisphäre ist musikalischer und mehr sexualitätsbezogen als die linke. Sie denkt in Bildern, sieht das Ganze und entdeckt Muster. Sie scheint Schmerzen intensiver zu vermitteln als die linke Hemisphäre [. . .] Die linke Hemisphäre beschäftigt sich mit der Vergangenheit; sie vergleicht die momentane mit einer früheren Erfahrung und versucht, sie einzuordnen; die rechte Hemisphäre ist empfänglich für das Neue, das Unbekannte. Die linke Gehirnhälfte macht Momentaufnahmen, die rechte betrachtet den ganzen Film [. . .] Die rechte Hemisphäre hat viele Verbindungen zu dem aus alter Zeit stammenden limbischen Gehirn, dem sogenannten emotio-

nalen Gehirn [. . .] Im klassischen Sinn von ›Herz und Geist‹ – im Sinne von Gefühl und Verstand – können wir uns diesen Kreislauf aus rechter Hemisphäre und limbischem System als das Gehirn des Herzens – unseres Gefühls – vorstellen [. . .] Sowohl aus kulturellen als auch aus biologischen Gründen scheint die linke Gehirnhälfte die Bewußtheit der meisten von uns zu beherrschen [. . .] Einen großen Teil unserer bewußten Bewußtheit beschränken wir auf jenen Aspekt der Gehirnfunktion, der die Dinge in ihre Teile zerlegt. Und so sabotieren wir unsere einzige Strategie zur Bedeutungsfindung, indem das linke Gehirn durch ein gewohnheitsmäßiges Ausschalten der von der rechten Gehirnhemisphäre ausgehenden Konflikte, auch seine Fähigkeit, Muster und das Ganze zu sehen, außer Tätigkeit setzt [. . .] Wir isolieren Herz und Geist – Gefühl und Verstand. Abgeschnitten von der Einbildungskraft, den Träumen, Eingebungen und holistischen Prozessen der rechten Gehirnhemisphäre ist die linke steril. Und die rechte Gehirnhemisphäre, die von der Integration mit ihrem organisierenden Partner abgeschnitten ist, setzt den Kreislauf ihrer emotionalen Ladung fort. Gefühle werden eingedämmt, wodurch sie möglicherweise im stillen Unheil anrichten: durch Ermüdung, Krankheit, Neurose, durch ein durchdringendes Gefühl, daß etwas nicht stimmt, daß etwas fehlt – eine Art kosmisches Heimweh.«[3]

Wenn dem so ist, wie es Frau Ferguson schildert, dann fällt Licht auf die Bedeutung meditativer Praktiken und Techniken in allen Kulturen und zu allen Zeiten, vor allem aber in den kulturell hochstehenden Epochen. Verständlich wird aber auch der instinktive Hunger nach Meditation, der sich gegenwärtig allenthalben bemerkbar macht und der von der New-Age-Bewegung ernst genommen wird. Es überrascht auch nicht, daß Versuche unternommen werden, mit Hilfe von Drogen, z. B. mit LSD, brachliegende Fähigkeiten des Bewußtseins zu erwecken. In der Hinsicht hat vor allem der New-Age-Psychologe Stanislav Grof Erfahrungen gesammelt. Er setzte seine in Prag begonnenen Versuchsserien mit LSD an der Henry Philipps Clinic und in der Forschungsgrupppe des Spring Grove Hospital im amerikanischen Baltimore fort mit dem Ergebnis: »Es wird mehr und mehr klar, daß Menschen als ausgedehnte Bewußtseinsfelder funktionieren können, indem sie die Grenzen ihrer physischen Körper transzendieren, die Reichweite ihrer Wahrnehmungsorgane und die Newtonsche Charakteristik von Raum und Zeit.«[4]

3. Einübung des Sterbens

Das bedeutet nach Meinung von Stanislav und Christina Grof und anderer New-Age-Spezialisten zum Beispiel auch, daß wir an die Unsterblichkeit der Seele nicht nur glauben, wie es die westlichen Religionen mit immer schwächerer Resonanz lehren, sondern daß man sich durch ein Erfahrungstraining schon jetzt von den Möglichkeiten einer Weiterexistenz des Bewußtseins nach dem Tode überzeugen kann: »In einer großen Gruppe transpersonaler Erfahrungen scheint die Bewußtseinserweiterung über die Welt der Phänomene und über das Raum-Zeit-Kontinuum, wie wir es normalerweise wahrnehmen, hinauszugehen. Ziemlich häufig sind Begegnungen mit den Geistern Verstorbener oder mit übermenschlichen spirituellen Wesenheiten. Unter Einwirkung von LSD wird auch von zahlreichen Visionen archetypischer Gestalten, Gottheiten und Dämonen berichtet – selbst von komplexen mythischen Bilderfolgen. Ebenfalls zu dieser Kategorie zählen das intuitive Verständnis universeller Symbole oder die Erweckung der inneren kosmischen Energie (Kundalini) und die Aktivierung des Geistleibes (Chakras). Im Extremfall scheint das individuelle Bewußtsein die Totalität der Existenz zu umfassen und sich mit dem Weltgeist zu identifizieren. Die letzte Erfahrung scheint diejenige der geheimnisvollen Leere zu sein, die das gesamte Dasein keimhaft enthält, das Nichts.«[5]

In einer Gesellschaft, die den Tod verdrängt und in der wir das Sterben als notwendiges Übel über uns ergehen lassen, ist die Vorstellung der New-Age-Anhänger, der Tod sei eine entscheidende Transformation des unsterblichen Geistes, auf die hin man fernöstlicher Weisheit im Christentum wieder, das ihm bis dahin gleichgültig gewesen war, ließ sich in einem christlichen Ashram in Südindien nieder und versucht fortan, eine Brücke zwischen den beiden großen religiösen Traditionen, der hinduistischen und der christlichen, zu bauen, die zugleich eine Brücke zwischen der weltweiten, die Konfessionen und Religionen, ja alle Weltanschauungen überschreitenden Mystik und der modernen Naturwissenschaft sein soll.

3. Sheldrakes »morphogenetische Felder«

Sheldrakes eigener Beitrag zu den ganzheitlichen naturwissenschaftlichen Hypothesen ist die der formbildenden Verursachung, die er im Sommer 1981 in der wissenschaftlichen Zeitschrift »New Scientist« veröffentlichte und die eine weltweite Kontroverse auslöste. Während die Wissenschaft seit dem 17. Jahrhundert versuchte, ohne formende und finale, auf ein Ziel hingerichtete Ursachen auszukommen, knüpft Sheldrake an den aristotelischen Gedanken der Form als ursächlichen Elements der Entwicklung wieder an. Denn nur so kann seiner Meinung nach der Biologe dem besonderen Phänomen des Lebendigen gerecht werden. Jedes Lebendige scheint der in ihm liegenden Idee nachzustreben, ein Ganzes, Komplettes zu werden. Doch Sheldrake ergänzt die traditionelle Hypothese von der formenden und zielgerichteten Ursache, die traditionellerweise als unveränderliche Idee aufgefaßt wurde, durch den modernen Aspekt der Entwicklung auch dieser Ideen im Laufe der Evolution. Er entwickelte die Vorstellung von einer Verursachung über die Zeit hinweg und sagt: »Während bei Aristoteles die Form eine unwandelbare ursächliche Komponente war, ist in meinem Modell die Möglichkeit einer Wandlung und Weiterentwicklung der Formen gegeben, je nachdem, was im Laufe einer Entwicklung geschieht. Was ich als ordnenden und gestaltenden Faktor mit dem Ausdruck ›morphogenetische Felder‹ bezeichne, ist Gegenstand

schon jetzt bewußt leben sollte, in der Tat eine wünschenswerte Bewußtseinsveränderung. Vorstellungen und Praktiken alter oder fremder Kulturen wie die mittelalterliche »ars moriendi« (Kunst des Sterbens) oder das »bewußte Sterben« nach dem tibetanischen Totenbuch, wie sie in der New-Age-Literatur auftauchen, erinnern den Christen nicht nur an die zentrale Bedeutung, die Tod und Auferstehung Christi im Christentum haben, sondern auch an die Einübung des Sterbens in der Nachfolge Christi, wozu Paulus auffordert: »Wißt ihr denn nicht, daß wir alle, die wir auf Christus Jesus getauft wurden, auf seinen Tod getauft worden sind? Wir wurden mit ihm begraben durch die Taufe auf den Tod; und wie Christus durch die Herrlichkeit des Vaters von den Toten auferweckt wurde, so sollen auch wir als neue Menschen leben. Wenn wir nämlich ihm gleich geworden sind in seinem Tod, dann werden wir mit ihm auch in seiner Auferstehung vereinigt sein.« (Röm 6,4/5) Der Tod erweist sich als das zentrale Geheimnis des Lebens, dessen sich der Mensch ständig bewußt sein sollte: »Wenn das Weizenkorn nicht in die Erde fällt und stirbt, bleibt es allein; wenn es aber stirbt, bringt es reiche Frucht. Wer an seinem Leben hängt, verliert es, wer aber sein Leben in dieser Welt gering achtet, wird es bewahren bis ins ewige Leben.« (Joh 12,24/25)
Eine besondere Faszination auf die New-Age-Anhänger geht von der Reinkarnationslehre aus. In Shirley MacLaines drittem Buch und Weltbestseller »Zwischenleben« schildert die bekannte Drehbuchautorin, Regisseurin und Schauspielerin, die 1984 den »Oscar« für ihre Rolle in »Zeit der Zärtlichkeit« erhielt, ihre »Reise nach innen«, auf der sie zum Glauben an die Reinkarnation findet: »John bat einen seiner Mitarbeiter, uns Tee zu bringen und setzte sich neben mich auf die Bank unter das Bücherregal. ›Ich weiß, ich rede zuviel‹, sagte er. ›Aber wenn ich mit diesem Thema einmal anfange, kann ich nicht mehr aufhören. Es ist so wichtig ... Pythagoras, Plato und viele andere Philosophen erklärten alles Unglück im Leben, Krankheit, Mißbildungen, Ungerechtigkeiten, mit der Tatsache, daß jede Daseinsform des Lebens entweder eine Belohnung oder eine Strafe

der vorhergegangenen Daseinsform ist. Mit ihrem jeweiligen Fortschritt wird die Seele belohnt mit einer größeren Auswahl an Reinkarnationsmöglichkeiten, alle natürlich mit dem moralischen Ziel, das jeweilige, persönliche Karma zu erarbeiten. Eine wirklich hochentwickelte Seele zum Beispiel wird immer eine Daseinsform der Selbstaufopferung wählen, um ihr Karma zu erarbeiten. Und je weiter und höher und älter in der geistigen Erfüllung sich die Seele befindet, desto leichter kann sie sich an vergangene Lebensformen erinnern.‹ ›Und was ist‹, fragte ich, ›wenn die Seele keinen Fortschritt will? Wenn sie alles vergessen will und auf alles pfeift?‹ ›Auch darüber ist viel geschrieben worden. Eine Seele kann darüber entscheiden, ob sie sich entwickeln oder rückbilden will. Entschließt sie sich, ständig zurückzufallen, verliert sie irgendwann ihre Menschlichkeit und wird tiergleich, ohne die Wahl nach Vorwärtsstreben oder moralischem Sühneopfer. Dieser Zustand wird als Hölle bezeichnet. Wenn man keine geistige Entwicklung wählt, bekommt man nach einer Weile keine Chance mehr, und das ist die Hölle.«[6]
Auf diese Weise wird popularisiert, was Swami Prajnananda, eine der prominentesten Schülerinnen Swami Muktanandas (1908–1982), der einige hundert Meditationszentren in der ganzen Welt gründete, im Hinblick auf das Karma und das Christentum differenzierter ausführt: »Der Begriff der Sünde im Christentum ist dem des Karma sehr ähnlich, außer daß der erstere sich nur auf schlechte Taten bezieht. Nach der indischen Überlieferung sind sowohl schlechte als auch gute Taten Bindungen. Das eine ist eine harte Eisenkette, die Schmerzen verursacht, das andere ist eine sanfte goldene Kette, die man nicht einmal bemerkt. Doch beide sind Fesseln, und man muß beide abwerfen, um sich von diesem weltlichen Gefängnis des fortgesetzten Lebens und Todes zu befreien. Die Weisen sagen uns, sobald wir uns von den Fesseln des Karma befreit haben, werden wir uns ewiger Seligkeit erfreuen. Doch viele von uns haben Angst vor der Vorstellung einer solchen Art von Freiheit. Wir fürchten uns vor dem Unbekannten. Wir klammern uns lieber an das Vertraute, anstatt ein Risiko einzugehen; auch nicht für etwas, das

vielleicht besser ist. Als ich 1979 mit Swami Muktananda in Boston war, suchten ihn einige katholische Mönche auf. Sie sagten ihm, daß sie mit den Leuten reden und ihnen die Leiden des Lebens zu Bewußtsein bringen. Swami antwortete: ›Aber die Leute kennen doch das Leiden. Was sie brauchen, ist, daß man sie an ihre wahre Identität erinnert, die Glückseligkeit ist.‹ Das ist der Standpunkt der indischen Philosophie. Die Theorie des Karma zu verstehen, hat den Sinn, daß man diese Kette von Ursache und Wirkung durchbricht und alle weltlichen Leiden in der Gegenwart oder Zukunft, die uns so vertraut sind, transzendiert.«[7]

Wenn auch das Christentum bestimmte Vorstellungen – zum Beispiel die der »Seelenwanderung« – verworfen hat: auch für unsere Vorstellungen über den Tod und das Weiterleben der Seele oder des ganzen Menschen nach dem Tode gilt, was wir über die Transzendenzerfahrung und ihre unzulängliche sprachliche Ausformulierung als Gotteserfahrung gesagt haben: In allen Religionen ist trotz unterschiedlicher Ausformulierung – als Auferstehung, als Wiedergeburt, als Fegefeuer, Himmel oder Hölle – die gemeinsame transzendentale Erfahrung der Menschen festgehalten: Nur wenn wir uns täglich absterben, leben wir auf, und wer die Hingabe in der Liebe scheut, verfällt dem Tod.

Das nicht nur zu glauben und zu leben, sondern davon in seinem Bewußtsein tief durchdrungen zu sein, es mit Leib und Seele zu erleben, ist der Inbegriff der christlichen Mystik. »Die mystische Erfahrung ist nichts Geringeres als eine Transformation der gesamten Person in Vorbereitung der endgültigen Verwandlung, die durch den Tod und die Auferstehung stattfindet«,[8] formuliert es William Johnston, ein irischer Jesuit, der gegenwärtig Meditation auf den Philippinen lehrt, im Hinblick auf die New-Age-Bewegung.

»Transformation der *gesamten* Person«, heißt es oben bei Johnston mit Bedacht, und er wehrt damit das typisch abendländische Mißverständnis ab, der christlichen Mystik liege ein dualistisches Weltverständnis zugrunde: Der Mensch erreiche in dem Maße die Vollkommenheit seines Geistes, als er sich von seiner Leiblichkeit befreie. Für das Christentum wie für die New-Age-Bewegung gilt jedoch in gleicher Weise, was – am Beispiel des richtigen Atems für die Meditation – Johnston von der östlichen Meditation berichtet: »Die östliche Meditation von Joga bis Zen mißt dem Körper und dem Atem die größte Bedeutung bei. Der Buddhist oder Hindu erreicht die Erleuchtung nicht durch eine rein spirituelle Geistestätigkeit, sondern durch eine lange, harte Schulung des Atems, der Körperstellung und der Diät. Dieses Training schult nicht nur den Geist allein oder den Körper, sondern die Körper-Person, den Geist-und-Körper«,[9] den ganzen Menschen. Ziel der »Vergeistigung« ist nicht die Vernichtung des Leibes und der Sinne, sondern ihre Verwandlung.

Tatsächlich hat sich die New-Age-Bewegung von den östlichen Methoden der Meditation inspirieren lassen, weil sie der ganzheitlichen Auffassung entsprechen. Erweiterung des Bewußtseins besteht zunächst darin, »daß man«, wie William Johnston sagt, »seines Körpers bewußt wird. Man geht sozusagen aus dem Kopf heraus und kehrt zu den Sinnen zurück; man nimmt jeden Körperteil wahr und spürt den Puls des Lebens in seinem ganzen Sein. Wenn man diese Wahrnehmung entwickelt, erkennt man bald, daß der Körper sehr weise ist und uns viele Dinge mitteilt: wann wir essen und wann wir fasten, wann wir schlafen und wann wir wachen sollen.«[10]

Das zeigt Johnston eindrucksvoll am Beispiel des meditativen Atmens. Erstens ist meditatives Atmen langsames Atmen. Von sechzehn bis achtzehn Atemzügen pro Minute verlangsamt es sich auf zehn oder sogar nur fünf. Dadurch verlangsamt sich unser gehetztes Alltagsleben. Wir wenden wie von selbst unseren Blick nach innen, werden uns unseres Geistes als der Fähigkeit bewußt, sich selbst zu wissen, Selbstbewußtsein zu sein. Zweitens ist meditatives Atmen rhythmisches Atmen, was wir dadurch erreichen, daß wir es beobachten. Dadurch weisen wir gleichzeitig alles von uns ab, was uns beunruhigen könnte, Gedanken, Emotionen, Wünsche, Entscheidungen. Drittens ist meditatives Atmen Bauchatmung. Die Muskeln des Unterleibs spannen sich, und wir werden uns des *tanden* (chinesisch) bewußt, jenes Punktes, etwa drei Finger breit unter dem Nabel, der nach der Tradition der Chinesen und Japaner der Schwerpunkt des Körpers ist. Meditatives langsames und rhythmisches Bauchatmen fördert das Wohlbefinden an Leib und Seele. Konzentrierter als sonst wird Kohlendioxyd aus der Lunge ausgeatmet, frischer Sauerstoff eingeatmet und das Herz entlastet. Durch das tiefe Atmen kommt man in Berührung mit dem Bauch, mit den inneren Organen, mit den eigenen Gefühlen und mit dem Leben. »Während man atmet, wächst die innere Einswerdung. Zen spricht vom Atmen durch jede Pore, und das ist buchstäblich wahr. Allmählich nimmt man wahr, daß der ganze Körper atmet und der ganze Körper meditiert [. . .] Sodann kann man sich der kosmischen Dimensionen des Körpers, der Einheit des Selbst mit dem ganzen Universum und ›des Atems des Universums‹ bewußt werden.«[11]

Auf dem Hintergrund dieser Erfahrungen liest sich »die dritte Weise des Betens« in den »Geistlichen Übungen« (Exerzitien) des Ignatius von Loyola, des Gründers der »Gesellschaft Jesu«, wie neu. Denn sie besteht darin, »daß man zu jedem Atemzug oder Atemholen geistig betet, indem man ein Wort des Vaterunsers ausspricht oder eines anderen Gebetes [. . .], so daß zwischen dem einen und dem anderen Atemzug nur ein Wort gesprochen wird und in der Zwischenzeit von einem Atemholen zum andern die Aufmerksamkeit hauptsächlich auf die Bedeutung dieses Wortes gelenkt wird oder auf die Person, zu der man betet, oder auf die eigene Niedrigkeit oder den Abstand zwischen der so großen Hoheit und der so großen eigenen Niedrigkeit.«[12]

Wer sich so der eigenen Kreatürlichkeit bewußt wird, erfährt sich angesichts der göttlichen Fülle als ein Nichts, das nur lebt und verwandelt werden kann durch den Atem Gottes selbst, der sich jeglicher Beschreibung entzieht. »Auf dem Höhepunkt des mystischen Lebens«, heißt es bei William Johnston, »erfährt Johannes vom Kreuz das Erwachen des Wortes in der Tiefe seines Wesens und ruft aus: ›mit würzigem Atemholen / voll sonnenholdem Segen / wie unberührbar zart du mich entzündest.‹ Von diesem Atem, der kein Atmen ist, vermag der Heilige nicht zu sprechen. ›Ich begehre nicht von diesem Atem zu sprechen, der für die Seele erfüllt ist von Güte und Herrlichkeit und zarter Gottesliebe, denn ich weiß, daß ich es nicht vermag, und wollte ich es versuchen, so könnte es weniger scheinen, als es ist.‹ Und dennoch versucht er ihn zu erklären – und er tut dies in einem trinitarischen Kontext, indem er sagt, daß der höchste Atem, auf den jegliches Atmen verweist, der Heilige Geist, der Atem Gottes, ist. Auf dem Höhepunkt des mystischen Lebens atmet der Heilige Geist in mir, und vereint mit Jesus rufe ich aus: ›Abba, lieber Vater!‹ Hier nähert die Transformation sich der Vollendung, einer Vollendung, die erst dann erreicht ist, wenn der Schleier des irdischen Lebens gefallen ist und ich im ewigen Spiegel Gott gegenüberstehe.«[13]

VIII. Naturwissenschaft und Spiritualität

> Wir aber haben nicht den Geist der Welt empfangen, sondern den Geist, der aus Gott stammt, damit wir das erkennen, was uns von Gott geschenkt worden ist. Davon reden wir auch, nicht mit Worten, wie menschliche Weisheit sie lehrt, sondern wie der Geist sie lehrt, indem wir den Geisterfüllten das Wirken des Geistes deuten.
>
> *1 Korinther 2,12/13*

Auf der schon erwähnten Konferenz »Andere Wirklichkeiten« in Alpbach vom September 1983 diskutierten eine Woche lang Naturwissenschaftler und Vertreter spiritueller Disziplinen vor etwa 350 Teilnehmern über »die neue Konvergenz von Naturwissenschaften und spirituellen Traditionen«. »Konvergenz«, – ein auch von Teilhard de Chardin bevorzugter Begriff für die erneute Annäherung von Elementen, die sich im Laufe ihrer Entfaltung voneinander entfernt haben.

1. Kein Widerspruch zwischen Wissenschaft und Religion?

Rainer Kakuska, der die Diskussion als Buch herausgegeben hat, sieht die Situation, in der sich das Gespräch zwischen den Naturwissenschaften und der New-Age-Spiritualität befindet, wie folgt: »›Paradigmenwechsel‹ wird jener Prozeß des Umdenkens oft genannt [. . .] Es ist eine Bewegung weg von jenem zergliedernden, analysierenden Vorgehen, das immer zuerst auf die Elemente des zu Beobachtenden abzielt, um dann aus ihrer genauen Kenntnis heraus das Gesamtphänomen als kausal-logisches Zusammenwirken der Einzelteile zu erklären. Die Gegenpositionen dazu haben gemeinsam, daß sie die Welt nicht mehr als Ansammlung separater Objekte betrachten, die vom Menschen getrennt sind, sondern als in sich zusammenhängenden Prozeß, an dem auch der Mensch teilhat. Diese Sicht ist neu in bezug auf die heute herrschenden Ansichten; im Licht der Menschheitsgeschichte ist sie zeitlos. Denn solange wir es überhaupt zurückverfolgen können, haben Seher, Weise, Religionsgründer die Welt auf diese Weise erfahren. Die Betrachtungsweise, die sich den modernen Naturwissenschaftlern aufgrund ihrer empirisch gewonnenen Daten aufdrängt, ähnelt verblüffend dem intuitiv und kontemplativ gewonnenen Wissen früherer Zeiten. Die Denker, die diese Parallelen aufzeigen, finden dabei, soweit ich sehe, mehr Verständnis bei interessierten Laien als bei der Mehrzahl ihrer Kollegen. Für die ist, nach altbekannter zirkulärer Logik, all das, was dem gerade gültigen Wissenschaftsparadigma nicht entspricht, eben unwissenschaftlich und also abzulehnen. Der ›kritische‹ Journalismus scheint sich hier viel mehr bedroht zu fühlen und ist zu Attacken fähig, deren gift- und gallespuckende Emotionalität sich bei der Verteidigung der Ratio recht seltsam ausnimmt. Bei denen, die den neuen Ideen grundsätzlich positiv gegenüberstehen, ist die Lage alles andere als übersichtlich. Vielfältig sind die Möglichkeiten, das Neue im alten Stil zu betreiben. Da gibt es etwa Zeitgenossen, die sich den ›Holismus‹ bereits auf die Fahnen geschrieben haben wie eine Ideologie, ihn propagieren, verfechten, ›pushen‹ – keine überzeugenden Vorboten des ›New-Age‹. Andere retten die gewohnten Prioritäten ins neue Zeitalter, indem sie so tun, als wäre die moderne Wissenschaft dabei, Spiritualität, Religion und Esoterik zu ›beweisen‹, als bedürfe es also erst dieser Absegnung, damit etwas wahr wird [. . .] Ich meine, daß die gegenwärtige Diskussion noch zu sehr auf die inhaltlichen Übereinstimmungen von alten und neuen Ansichten fixiert ist und dabei vielleicht etwas viel Wichtigeres übersieht: nämlich den Weg, auf dem man zu ihnen gelangt ist. Erst dadurch, daß die modernsten Verfahren der Weltbetrachtung wieder zu den traditionellen Aussagen führen, ist ja der Widerspruch zwischen Wissenschaft und Religion wirklich überwunden. Man verrät nun nicht mehr das eine, wenn man das andere betreibt, der Gegensatz ist zu einer fruchtbaren Synthese verschmolzen.«[1]

2. *Ex oriente lux oder Brückenbau zwischen Ost und West*

An der erwähnten Konferenz nahmen unter anderen Seine Heiligkeit der XIV. Dalai Lama, Pandit Gopi Krishna, der aus Kashmir stammende Yoga-Spezialist, und Richard Baker-Roshi, Abt des Zen Center in San Francisco, teil, drei markante Vertreter östlicher Spiritualität. Das ist kein Zufall, denn schon die Physiker der zwanziger Jahre suchten, worauf Fritjof Capra aufmerksam gemacht hat, im Osten Orientierung. Heisenberg war in Indien und hat mit Tagore die Philosophie der Physik diskutiert und festgestellt, daß sich die Philosophie des indischen Kulturkreises weitgehend mit der Quantentheorie deckte. Erwin Schrödinger hat sich von den Upaschinaden beeinflussen lassen, Niels Bohr hat sich vor allem mit der chinesischen Philosophie des Yin und Yan und dem Begriff der Komplementarität befaßt, Oppenheimer hat Sanskrit gelernt, um die Vedas und die Upanischaden im Urtext lesen zu können. Capra selbst kam in Kalifornien durch Lektüre und durch den Kontakt mit Kennern des Ostens wie Alan Watts oder Krishnamurti in Verbindung mit östlichen Traditionen. Heute noch hat er einen chinesischen Lehrer und praktiziert das chinesische Tai-Chi, eine Art taoistischer Meditation.

Auch Rupert Sheldrake, der neben Capra auch in Alpbach war und der uns in diesem Kapitel näher beschäftigen wird, ging, als er in Cambridge zu der Einsicht gekommen war, daß der mechanistische Ansatz zum Verständnis von Pflanzen und Tieren nicht geeignet sei, in ein landwirtschaftliches Forschungsinstitut in Indien, besuchte viele hinduistische Ashrams, sprach mit Gurus und Swamis, erkannte, daß es für einen Westler unmöglich ist, Hindu zu werden, fand schließlich viele Einsichten

von Wandlung und Lernprozessen. Es ist also nicht so, daß eine einmal fixierte Form ständig wiederholt wird, denn alles, was in der Welt tatsächlich passiert, wird die durch die morphogenetischen Felder übertragene Formbildung bestimmen. Bei Plato und Aristoteles ist der Prozeß ein eindimensionaler: Die Welt spiegelt die einmal als Idee vorhandenen Formen wider. In meinem Modell spiegelt sich auch die Welt der ausgeprägten Formen in den formbildenden Prozessen wider, das heißt, sie beeinflußt sie, so daß eine Wechselwirkung vorliegt. Und das Ganze geschieht als ein sich ständig aufbauender und akkumulierender Prozeß über die Zeit, über die Generationen hinweg. Dieser Gedanke existiert in der westlichen spirituellen Tradition nicht. Er erinnert eher beispielsweise an das östliche Prinzip des Karmas oder an einige Schulen des Mahayana-Buddhismus, die so etwas wie ein kosmisches Gedächtnis des gesamten Universums vertreten. Alles, was im Universum geschieht, hat danach eine Art kosmisches Karma, ein Gedanke, der auch von den Theosophen in ihrer Vorstellung von der Akashachronik übernommen wurde. Meine Hypothese vereinigt beide Traditionen, wenngleich sie nicht in dieser Absicht formuliert wurde, sondern erst rückschauend beide Ansätze enthält.«[2]

Mit dem Gegensatz zwischen Gesetz und Gewohnheit spielend hat Rupert Sheldrake in Alpbach seine Hypothese erläutert: Ein Aspekt des mechanistischen Paradigmas »ist die Vorstellung, daß das Universum bestimmten Gesetzen folgt und daß diese Gesetze unwandelbar und zeitlos sind. Wenn wir von diesem Paradigma zu einem organischen Paradigma übergehen, so können wir das Universum ähnlich wie einen Organismus, der sich weiterentwickelt, betrachten. Und anstatt die Naturgesetze für festgelegt, für alle Zeiten wahr, unwandelbar zu halten, könnten wir sie mehr als Gewohnheiten auffassen.«[3]

Am Beispiel von lernenden Ratten hat Sheldrake in seinem Buch »Das schöpferische Universum« auf die Konsequenzen seiner Hypothese hingewiesen: »Brächte man zum Beispiel Tausenden von Ratten in London die Ausführung einer neuen Aufgabe bei, müßten somit ähnliche Ratten die gleiche Aufgabe in Laboratorien an beliebig anderen Orten schneller lernen [...] Dieser Effekt träte ein bei vollständigem Fehlen jeglicher bekannten physikalischen Verbindung oder Informationsübermittlung zwischen den beiden Laboratorien. Bemerkenswerterweise gibt es bereits den Nachweis aus Laborexperimenten, daß sich der vorhergesagte Effekt tatsächlich einstellt.«[4]

4. Bohms »eingefaltete und entfaltete Ordnung«

Der Biologe Rupert Sheldrake beruft sich seinerseits gern auf die Arbeiten des Physikers David Bohm, der, aus den USA stammend, heute am Birbeck College der University of London lehrt. Auch Bohm war in Alpbach mit einem Referat vertreten. In ihm skizzierte er zunächst die zwei Weltanschauungen, Organizismus und Mechanismus, beschrieb dann den Mechanismus in der Physik und bezeichnete die Relativitätstheorie als einen wichtigen Fort-Schritt weg vom Mechanismus. Nachdem er den Umsturz des Mechanismus in der Quantentheorie erläutert und die nicht-mechanistische Sichtweise einer bruchlosen Ganzheit als im Einklang mit der Relativitäts- und Quantentheorie nachgewiesen und auf den Holographen als ein Beispiel für eine Ordnung bruchloser Ganzheit hingewiesen hatte, kam er zu seiner eigenen Theorie von der »impliziten Ordnung«. Sie beruht auf der physikalischen Beobachtung des *Einfaltens* eines Ganzen in seinen Teil und des wieder *Entfaltens* des Ganzen aus seinem Teil. »So faltet beispielsweise das Licht in einem Zimmer Informationen über dieses Ganze in jedem seiner Bereiche in sich ein, und ein beliebig ausgerichtetes Auge kann diese Information in ein Bild auf der Netzhaut entfalten (das in einer ungeheuer großen Bandbreite von Strukturen im Gehirn und im Nervensystem weiter eingefaltet und entfaltet wird) [...] Der mechanistischen Weltanschauung sind alle diese Beispiele für Einfalten und Entfalten nun wohlbekannt. Aber man erklärt sie durch die Aussage, die primäre Wirklichkeit sei letztlich jener Grundbestand an unabhängig voneinander existierenden Elementen (Teilchen und Feldern), die das Universum bildeten, während das Einfalten und Entfalten nur ein sekundärer Aspekt der Wirklichkeit sei. Stattdessen behaupten wir hier, daß die Bewegung des Einfaltens und Entfaltens letztlich die primäre Wirklichkeit ist, und daß die Objekte, Wesen, Formen usw., die aus dieser Bewegung auftauchen, sekundär sind [...] Wir werden dieses allumfassende Spiel des Einfaltens und Entfaltens die *Eine Bewegung* (holomovement) nennen. Damit stellen wir die Eine Bewegung als das im Grunde Wirkliche dar, so daß all das, was man gewöhnlich als Wesen, Objekte, Formen usw. ansieht, relativ stabile, unabhängige und autonome Erscheinungsweisen der Einen Bewegung sind (wie der Strudel eine solche Erscheinungsweise der Strömungsbewegung einer Flüssigkeit ist). Die grundlegende Ordnung dieser Bewegung ist daher Einfalten und Entfalten. Wir schauen also nun das Universum durch die Brille einer neuen Ordnung an, die wir die *implizite Ordnung* nennen wollen. (Das Wort ›implizit‹ geht zurück auf lateinisch ›plicare‹ – ›falten‹, das auch in Worten wie Multiplikation, Verviel-fältigung und Replikation, Nachfaltung, vorkommt.) [...] Dies will besagen, daß jene Ordnung, nach der die Welt ein Gefüge von Dingen ist, die einander wesentlich äußerlich sind, als eine Ordnung zweiten Ranges aus der Bewegung der Entfaltung hervorgeht, die ihrerseits einer tieferen und innigeren impliziten Ordnung entspricht. Die Ordnung der einander äußerlichen Elemente heißt demnach die *entfaltete Ordnung* oder die *explizite Ordnung*. So wird in der Tat die geläufige Denkweise zu diesem Thema auf den Kopf gestellt, und dadurch gelangen wir zu der neuen Auffassung einer impliziten Ordnung.«[5]

Bohm dehnt nun die implizite Ordnung auf Leben und Bewußtsein aus: auf Pflanze-Samen-Pflanze; auf Gedanken, die andere Gedanken in sich implizieren; auf Worte, die Bedeutungen implizieren; auf alle Erscheinungsweisen des menschlichen Geistes, die sich gegenseitig einfalten und sich durch Entfalten und Einfalten ineinander verwandeln. Schließlich stellt Bohm zur Diskussion, ob nicht auch Geist und Materie letztlich implizit geordnet sind: »Dies bedeutet, daß der Weg für ein Weltbild frei gemacht wird, worin sich Geist und Materie schlüssig miteinander verbinden lassen, ohne daß man dabei in eine reduktionistische Position verfiele, für die eines von beiden bloß eine abgeleitete Folgeerscheinung des anderen ist. (So gilt dem Materialismus der Geist nur als Funktion der Materie und dem Idealismus die Materie nur als Funktion des Geistes.) Unser Vorschlag besagt vielmehr, daß sich beide, Geist und Materie, von einem gemeinsamen Grund abheben, der jenseits von beiden und letzten Endes unbekannt ist. Da sie jedoch die implizite Ordnung gemein haben, ist es ihnen möglich, eine rational erfaßbare Beziehung zueinander einzugehen – das ist der wesentliche Punkt. Da sie sich darüber hinaus von ihrem Grund durch Entfaltung abheben, so falten sie beide diesen Grund in sich ein, und damit falten sie sich gegenseitig ein, so daß ihre Beziehung von Grund auf eine innerliche (internale) ist. Auf diese Weise haben wir den Weg offen gelassen, um alle Unterschiede, die man zwischen Geist und Materie finden mag, anzuerkennen, ohne dadurch in einen Dualismus zu verfallen.«[6]

5. Teilhards »Unio creatrix«

Unter den christlichen Wissenschaftlern dieses Jahrhunderts ist es zweifellos Pierre Teilhard de Chardin, dem die Überwindung des Dualismus seit den Anfängen seines wissenschaftlichen Arbeitens am Herzen lag. In einer biographischen Skizze »Das Herz der Materie« schreibt Teilhard 1950: »Es war im Laufe meiner Jahre der Theologie in Hastings (das heißt gleich nach den Erstaunlichkeiten von Ägypten)«, also in den Jahren 1909–1912, nachdem Teilhard in Ägypten mit der Versuchung des Pantheismus gerungen hatte, »daß in mir allmählich – nicht so sehr als ein abstrakter Begriff als vielmehr als *eine Gegenwart* – das Bewußtsein einer tiefen, ontologischen, totalen Drift des Universums um mich herum zu wachsen begann, bis es meinen inneren Himmel gänzlich erfüllte. Unter welchen Einflüssen oder welchem Schock, im Gefolge welchen Prozesses und durch welche Etappen hindurch ist dieses Gefühl erwacht und hat es so tiefe Wurzeln in mir getrieben? Ich käme in Verlegenheit, es zu sagen. Ich erinnere mich gut, daß ich zu jener Zeit die *Evolution créatrice* [von Henri Bergson, erschien 1907, wurde 1914 auf den römischen Index der verbotenen Bücher gesetzt; im gleichen Jahr wurde der Autor in die Académie française gewählt] begierig gelesen habe. Aber abgesehen davon, daß ich in jener Epoche ziemlich schlecht begriff, worin genau die Bergsonsche Durée bestehen sollte, erkenne ich rückblickend klar, daß die Wirkung dieser brennenden Seiten auf mich nur darin bestand, im gewünschten Augenblick, und einen kurzen Augenblick, ein Feuer zu schüren, das mein Herz und meinen Geist bereits verschlang. Ein Feuer, entzündet, stelle ich mir vor, durch das bloße Nebeneinander in mir, bei höchster ›monistischer‹ Neigung, der drei entzündbaren Elemente, die sich in dreißig Jahren allmählich im Innersten meiner Seele angesammelt hatten: Kult der Materie, Kult des Lebens, Kult der Energie. Alle drei fanden einen Ausweg und eine mögliche Synthese in einer Welt, die, zerstükkelt unter der Bedingung eines statischen Kosmos, sich plötzlich (unter Zuhilfenahme einer weiteren Dimension) in den Zustand und in die organische Würde einer Kosmogenese versetzt fand.«[7]

Das synthetisierende Prinzip in der Kosmogenese, in der Evolution des Kosmos, ist für Teilhard 1924 in seiner in China (!) verfaßten Schrift »Mein Universum« die *Unio creatrix,* die »schöpferische Einheit« (Sheldrakes Buch hat den deutschen Titel »Das schöpferische Universum«!). Die Unio creatrix hat für Teilhard »das Format einer erstrangigen Wahrheit«, ist »das Grundprinzip, daß ›alle Konsistenz vom Geist kommt‹. Das ist genau die Definition der Unio creatrix. Die unmittelbare und brutale Erfahrung der Welt mag uns das Gegenteil nahelegen. Die Festigkeit des Anorganischen und die Gebrechlichkeit des Fleisches wollen uns glauben machen, alle Konsistenz komme von der Materie. Diese grobschlächtige Sicht der Dinge, welche die Physik selbst gerade eben zerstört, indem sie das langsame Dahinschwinden der Substanzen, die wir für unzerstörbar hielten, entdeckt, gilt es entschlossen umzukehren. – Nein, alles hält nur durch einen Synthese-Effekt, das heißt letzten Endes, so bescheiden diese Synthese auch sein mag, durch einen Widerschein des Geistes. [...] Durch das unermeßliche Netz der universellen Vielheit hindurch, vom bescheidensten Element bis hin zu den geläutertsten Gebäuden unseres Denkens, von der kleinsten Verbindung der Monaden bis hin zu den umfassendsten organisierten Ganzen, ›hält alles von oben‹.«[8]

Das klingt nach idealistischer Position, die es doch ebenso zu überwinden gilt wie die materialistische. Doch die Hervorhebung des Geistes ist nur der erste Schritt einer Klärung. Denn wenig später heißt es in der gleichen Schrift: »Alles hält von oben, noch einmal. Dieses Prinzip bestätigt, vor allem, das Königtum des Geistes. Doch genau dadurch rettet und adelt es auch die Materie. Wenn nämlich der Geist die Materie beständig im Aufstieg zum Bewußtsein mitreißt und trägt, so erlaubt die Materie ihrerseits dem Geist zu bestehen, indem sie ihm beständig einen Wirkpunkt und Nahrung liefert. Wir sagten schon: der alles tragende Geist selbst hat seinen Seinsgrund und seine Konsistenz nur, er ›hält‹ nur, indem er ›zum Halten bringt‹. Seine Sublimität und sein Reichtum sind an die organisierte Vielheit gebunden, die er in seinem ›festen Winkel‹ umgreift. Die Reinheit des geistigen Gipfels eines Seins ist proportional zur materiellen Breite seiner Basis.«[9]

Wie nah Teilhard mit seiner Konzeption der *Unio creatrix* den Auffassungen der gegenwärtigen New-Age-Wissenschaftler gekommen ist, zeigt die folgende Passage: »Damit verschwinden die zahllosen Schwierigkeiten, an denen sich jede Philosophie stößt, die die Welt im Ausgang von isolierten Elementen (von der Monade) zu konstruieren versucht, anstatt als Prinzip die grundlegende und substantielle Einheit des Universums zu setzen. Der wechselseitige Einfluß des Geistes und der Materie, das Aufeinander-Einwirken der Seienden, die Erkenntnis der ›äußeren‹ Welt sind nur unlösbare Fragen, weil man sich ein falsches und

unmögliches Problem stellt, nämlich das Ganze mit den Partikeln dieses Ganzen begreifen zu wollen, ohne die dem Ganzen eigentümlichen Eigenschaften zu Hilfe zu nehmen (als ob ein natürliches Ganzes nicht mehr wäre als seine Teile). Diese ›cruces philosophorum‹ [Kreuze der Philosophen] verflüchtigen sich wie eine Illusion, sobald man begriffen hat, daß es im Kosmos letzten Endes nur eine einzige im Werden begriffene Wirklichkeit, eine einzige Monade gibt. Es ist nicht mehr nötig, die ›Brücke‹ zwischen den Naturen oder den Dingen in einem Universum zu suchen, in dem die Einheit (und folglich die vollständige gegenseitige Beeinflussung) der Gleichgewichtszustand ist, auf den alle Seienden zustreben, indem sie sich vergeistigen.«[10]
Doch die endgültige Überwindung jeder dualistischen Versuchung, die Synthese von Geist und Materie gelingt Teilhard dort, wo er als christlicher Theologe spricht und die naturphilosophisch gewonnene Unio creatrix als den Christus-Universalis bestimmt; Gott in Christus ist Punkt Alpha und Omega, Anfang und Ziel der Evolution und zugleich das Haupt eines mystischen Leibes, des in Entwicklung begriffenen Kosmos. »Halten wir dies gut fest«, bereitet Teilhard seinen entscheidenden Glaubens-Denk-Schritt vor: »In keinem Falle konnte der Kosmos ohne ein höchstes Zentrum der geistigen Konsistenz begriffen, verwirklicht werden. Nicht nur kraft der besonderen Formulierungen der Unio creatrix, sondern im Sinne aller rechten Metaphysik wird die Vorstellung der isolierten Schöpfung eines Atoms oder einer Gruppe von Monaden eine Absurdität: was in der Schöpfung gewollt und erhalten wird, ist zunächst das Ganze, und dann der Rest in ihm, nach ihm. Jede Hypothese verlangt, daß eine Welt, um denkbar zu sein, zentriert ist. Folglich hat das Vorhandensein eines Omega an ihrer Spitze nichts mit der Tatsache ihrer ›übernatürlichen Erhebung‹ zu tun. Es macht gerade eben das ›Gnaden‹-Merkmal der Welt aus, daß der Platz des universellen Zentrums nicht irgendeinem höchsten Mittler zwischen Gott und dem Universum gegeben wurde; sondern daß er vielmehr von der Gottheit selbst eingenommen worden ist – die uns so ›in et cum Mundo‹ [in und mit der Welt] in den trinitarischen Schoß ihrer Immanenz eingeführt hat.«[11]

Wenn nach Teilhard Gott selbst in Jesus Christus die – um mit David Bohm zu sprechen – letzte »implizite Ordnung« des Universums ist, dieses in ihm eingefaltet ist und sich in der »expliziten Ordnung« im Laufe der Evolution ausfaltet, bis es sich im Punkt Omega, in den vollendeten mystischen Leib Christi wieder einfaltet, – dann gehören die umstrittenen Bereiche Geist und Materie der »expliziten Ordnung« an und sind immer schon im »Geist Gottes« verbunden und aufgehoben in einer höheren Ordnung, die den Erdkreis erfüllt, vom Wissenschaftler nicht mehr beschrieben und nur noch vom Mystiker erfahren werden kann: »Das Universum«, sagt Teilhard, »erweist sich in den Augen des Gläubigen als ein Fleisch [. . .] Die mystische Schau tut nichts anderes, denn die universelle und sakramentale Konsekration der Welt aufzudecken – und das mystische Tun nichts anderes, denn sie zu fördern. – *Die Welt konsekrieren durch einen ganzen Glauben,* der sie in dem unendlichen Netz der Zweitursachen den organischen Einfluß Christi schauen läßt; *mit der Welt kommunzieren* durch *eine* uneingeschränkte *Treue,* in ihr alle Gelegenheiten des Wachsens zu ergreifen und in ihr alle Einladungen zum Sterben zu erleiden. Wer diese unermeßliche Einfachheit der Dinge begriffen hat, wer diesen einzigartigen Ton im universellen Lärm gehört hat, *der besitzt die Welt.* Innig in die Dinge durch den Feuereifer hineingegeben, den er daran setzt, sie zu vollenden und sie zu begreifen, erfährt er doch nicht ihr Getriebe. Er berührt sie, doch erreicht er durch sie hindurch Gott. Und in der Fülle, die auf ihn überströmt aus dieser *Prä-Adhäsion,* diesem Voraus-Anhängen an Gott in Allem, vermag er nicht zu sagen, welche von beiden Gnaden die kostbarste ist: Christus gefunden zu haben, um die Materie zu beseelen – oder die Materie, um Christus universell greifbar zu machen.«[12]

IX. »Die Neuerschaffung der Welt«

Die Frucht des Geistes aber ist Liebe, Freude, Friede, Langmut, Freundlichkeit, Güte, Treue, Sanftmut und Selbstbeherrschung.

Galater 5,22/23

Am 22. September 1919 notierte Teilhard de Chardin in sein Tagebuch: »*Das Beispiel,* das ich geben muß, ist das Beispiel einer den Kräften der Natur (die als von Gott durch Christus beseelt gesehen werden) ›geweihten‹ Existenz = erleiden – läutern (sublimieren) – herausholen ... niemals zerstören. Folglich ›beispielhafte‹ Einstellung: Unerschütterlichkeit, was auch immer geschieht ... rastlose Arbeit ... Pan-Sympathie ... persönliche Sorgen = nichts.«[1]

1. New-Age-Spiritualität in der UNO

Das Beispiel, das Teilhard bis zu seinem Tode 1955 gegeben hat, ist nicht ohne Wirkung geblieben. Unter den New-Age-Verschwörern beruft sich vor allem Robert Muller, einer der Beigeordneten Generalsekretäre der Vereinten Nationen, außer auf die früheren Generalsekretäre Dag Hammerskjöld und U Thant besonders auch auf Teilhard de Chardin. Robert Muller, Jahrgang 1923, wuchs in Elsaß-Lothringen als Sohn eines Hutmachers auf, kämpfte im Zweiten Weltkrieg in der französischen Widerstandsbewegung gegen die deutsche Besatzung und war Gefangener der Gestapo.

In seinem Buch mit dem typischen New-Age-Titel »Die Neuerschaffung der Welt. Auf dem Weg zu einer globalen Spiritualitiät« schreibt er: »Nach dem Krieg beschloß ich, für den Frieden zu arbeiten und kam 1948 zu den Vereinten Nationen. Während der ersten Jahre arbeitete ich dort als Wirtschaftler und hatte das große Glück, mich an einigen der großen Vorhaben der Weltorganisation beteiligen zu dürfen. Dazu gehörten das Entwicklungsprogramm der Vereinten Nationen und die ersten Weltkonferenzen. Diese Arbeit ließ mich diese Erde und ihre Bewohner immer deutlicher in einem globalen Zusammenhang sehen. 1970 feierten wir das 25jährige Bestehen der Vereinten Nationen, und ich wurde zum Direktor des Büros des Generalsekretärs ernannt. Von nun an konnte ich mir wirklich einen Gesamtüberblick verschaffen, und man hat mich oft einen ›Teilhardianer‹ genannt. Pater Emmanuel de Breuvery, ein Mitarbeiter von Teilhard de Chardin [und von 1952 bis 1970 Direktor der UNO-Abteilung für Rohstoffe und Verkehr], hatte mich schon zu der Zeit, als ich in der Abteilung [. . .] arbeitete, in die Gedankenwelt und die Philosophie Teilhards eingeführt. Als Mitarbeiter von Generalsekretär U Thant wurden diese Einflüsse immer stärker, und heute, da ich ein Dritteljahrhundert bei den Vereinten Nationen zugebracht habe, darf ich ohne Einschränkungen sagen, daß vieles von dem, was ich in der Welt beobachtet habe, die Richtigkeit der ganzheitlichen, globalen und weit vorausschauenden Philosophie von Teilhard de Chardin bestätigt.«[2]

Robert Muller nennt die Einsichten, die ihm Teilhard vermittelt hat, »meine fünf Erleuchtungen«. Sie betreffen erstens die Notwendigkeit eines weltumspannenden, aus Menschen und Institutionen bestehenden Netzes zur Bewältigung der globalen Menschheitsaufgaben; zweitens die Überzeugung, daß es sich bei der Herausbildung dieses Netzes um ein notwendiges Stadium in der biologischen Evolution handelt; drittens die Einsicht, daß wir die Gegenwartsprobleme nur lösen können, wenn wir aus der bisherigen Entwicklungsgeschichte unseres Planeten lernen im Hinblick auf seine nun von uns zu planende und zu verantwortende Zukunftsgeschichte; viertens die Erfahrung, daß nur Menschen, die sich als Teil der Menschheit und darüber hinaus des Lebensstroms begreifen, diesen Aufgaben gewachsen sind; fünftens die Überzeugung, daß es herausragender Persönlichkeiten bedarf, damit möglichst viele Menschen sich für diesen Weg entscheiden. Robert Muller ist der Meinung, Teilhard würde heute wie Muller selbst in die Organisation der Vereinten Nationen alle Hoffnungen setzen: »Teilhard hatte die Vereinten Nationen als die in der Entstehung begriffene institutionelle Verkörperung seiner Vision betrachtet. Er hat nicht lange genug gelebt, um das heute bestehende gewaltige globale Unternehmen der Vereinten Nationen zu sehen, aber die Weltorganisation spiegelt genau das zusammenhängende System planetarischer Anliegen, Bestrebungen und Zusammenhänge wie des planetarischen Bewußtseins, das er in seiner Philosophie entwickelt hat, wider.«[3]

2. *Der Holismus ist ein zweischneidiges Schwert*

Nicht alle werden den Optimismus Robert Mullers im Hinblick auf die UNO teilen. Tatsache ist jedoch: Die New-Age-Anhänger dringen darauf, daß es »politische Implikationen des Holismus« gibt, wie eine Diskussionsrunde auf der Alpbacher Konferenz »Andere Wirklichkeiten« 1983 zwischen Morris Berman, Fritjof Capra, David Steindl-Rast und William Thompson benannt war.

Dabei machte Morris Berman, wie schon im letzten Kapitel seines Buches »Wiederverzauberung der Welt«, zunächst auf die Gefahren aufmerksam, die einer politischen Umsetzung des Holismus drohen: »Bei genauer Betrachtung zeigt sich, daß der Holismus ein zweischneidiges Schwert ist [. . .] Wie alle großen Mystiker wußten, enthält das Unbewußte nicht nur Güte, Licht und Gipfelerlebnisse. Das alles hat auch eine dämonische Seite, und wir müssen es in dieser Übergangsperiode schaffen, unsere Augen offen zu halten, zu beobachten, was abläuft, besonders politisch. Das beste Beispiel für mythische Politik, das ich aus der jüngsten Vergangenheit kenne, ist der Nationalsozialismus in

Deutschland. Der Nationalsozialismus beruhte auf einer Ideologie, die Charisma über Vernunft stellte und Leidenschaft und spontane Erfahrung über Zivilisation. Er arbeitete diesen Gegensatz immer wieder deutlich heraus, nutzte die Ängste des Volkes aus und förderte besonders das, was ich ›partizipierendes Bewußtsein‹ nenne. Eines der beängstigenden Beispiele hierfür findet man in den Filmen von Leni Riefenstahl. In ›Triumph des Willens‹ zum Beispiel sieht man Menschen, die einem charismatischen Führer blind gehorchen und ihm im Münchner Sportpalast zujubeln [. . .] Ich habe fünf Jahre in Kalifornien gelebt und hatte genügend Gelegenheit, eine bestimmte Art von Guru-Anbetung zu beobachten [. . .] Innerhalb der Sekten, wie auch im deutschen Nationalsozialismus, wird der Eingeweihte dazu ermutigt, die Erfahrung mit einem bestimmten Guru oder spirituellen Führer zu identifizieren, als ob man sie nicht durch jemanden anderen erfahren könnte; als ob es nicht um das Mysterium des Königreiches [Gottes] ginge, sondern um die Herrlichkeit eines bestimmten Individuums [. . .] Nun, mir scheint, daß ein gesunder Holismus wahrlich ganzheitlich wäre, das heißt, daß er nicht nur die Gefühle, nicht nur den Instinkt betonen, sondern auch den Verstand miteinbeziehen sollte [. . .] Wir haben wenig spirituelles Leben und deswegen auch keine spirituelle Erfahrung und keine spirituelle Weisheit. Wir fallen bestimmten Kräften, die betimmte politische Formen annehmen, zum Opfer.«[4]
William Thompson, Gründer und Leiter der »Lindisfarne Association«, einer internationalen Vereinigung, die sich der »Förderung einer neuen globalen Kultur« verschrieben hat, versuchte in der Diskussion, aus der Erfahrung und spirituellen Weisheit des Christentums ein Kriterium zur Unterscheidung der Geister anzudeuten: »Das dämonische Vorgehen ist der Versuch, das Prinzip der Freiheit zu negieren, die Dialektik zwischen dem Einzigartigen und dem Universellen und damit die Identität zu unterdrükken [. . .] Das Resultat ist die Einheit, das Uniforme. Im Uniformen zeigt sich eine Art dämonischer Kollektivierung, bei der die Individualität im Namen des Staates eliminiert wird, im Namen einer ekstatischen Gemeinschaft, in der die Individualität einge-

schmolzen wird – nicht in den mystischen Leib Christi, sondern den dämonischen Leib Satans [. . .] Im Politischen gibt es also den Unterschied zwischen Kollektivierung und jener Art des Zusammenwirkens, bei der die Gruppe dem Einzelnen hilft, seine wahre Individualität zu entwickeln [. . .] Deswegen ist die Probe aufs Exempel: wird man dort individueller oder verliert man seine Individualität?«[5]

Bereits 1947 hatte Teilhard de Chardin auf eine Umfrage der UNESCO, der Kulturorganisation der UNO, zum Problem der Menschenrechte die von Berman geäußerte Befürchtung des Mißbrauchs der holistischen – bei Teilhard: der planetarischen – Organisationsformen und das von Thompson angedeutete Kriterium zur Unterscheidung der Geister auf eine Weise vorweggenommen, die ganz den Geist des New-Age atmet: »Aus zahlreichen konvergenten Gründen (rasches Anwachsen der ethnischen, wirtschaftlichen, politischen und psychischen Bindungen) ist das menschliche Element endgültig in einen unwiderstehlichen Prozeß hineingenommen, der auf die Erreichung eines solidarischen organisch-psychischen Systems auf der Erde abzielt. Ob wir wollen oder nicht, die Menschheit kollektiviert, totalisiert sich unter dem Einfluß physischer und geistiger Kräfte planetarer Ordnung. Von hier her erklärt sich der moderne Zwiespalt im Herzen eines jeden Menschen zwischen dem seines individuellen Wertes immer mehr bewußten Element und den immer mehr fordernden sozialen Bindungen. Bei näherer Überlegung erweist sich dieser Zwiespalt als nur scheinbar; biologisch genügt, wie wir jetzt erkennen, das menschliche Element sich selbst nicht. Mit anderen Worten, nicht wenn es sich absondert (wie man hätte glauben könnnen), sondern wenn es sich mit den anderen *in angemessener Weise* zusammenschließt, darf das Individuum hoffen, die Fülle *seiner Person,* Fülle von Energie und Bewegung und Fülle an Bewußtsein zu erreichen, und zwar deshalb, weil wir alle nur vollkommen ›reflektiert‹ (das heißt ›Menschen‹) werden, wenn wir uns gegenseitig ineinander reflektieren. Kollektivisation und Individuation (nicht der Autonomie, sondern der Person) sind also nicht zwei einander widersprechende Bewegungen. Die ganze Schwierigkeit besteht lediglich darin, das Phänomen so zu regeln, daß die menschliche Totalisation sich nicht unter einem äußeren, mechanisierenden Druck, sondern durch die innere Wirkung der Harmonisation und Sympathie vollzieht [...] Absolute Pflicht für das Element, an seiner Personalisation zu arbeiten. Relatives Recht des Elements auf die bestmöglichen Bedingungen für seine Personalisation. Absolutes Recht des Elements, innerhalb des sozialen Organismus nicht durch äußeren Zwang verbildet, sondern innerlich durch Überzeugung, das heißt in Übereinstimmung mit seinen persönlichen Gewißheiten und Bestrebungen, super-organisiert zu werden. Drei Punkte, die in jeder neuen Charta der Menschheit ausführlich darzulegen und zu garantieren sind.«[6]

3. Die feministische Spiritualität oder Gott eine Frau?

Um so mehr hätte sich Teilhard gewundert, daß auf der Alpbacher Konferenz 1983 unter den Vortragenden keine und auf den zahlreichen Podien nur einmal eine Frau vertreten war, was von den zahlreichen Frauen unter den Zuhörern auch entsprechend kommentiert wurde: als nicht der New-Age-Spiritualität entsprechend. Denn ihrer Theorie gemäß sollte es im Neuen Zeitalter ein Ende haben mit der direkten, vor allem aber auch mit der strukturellen Unterdrückung der Frau durch die Gesellschaft (z. B. durch die Organisatoren einer Veranstaltung!), und das letztlich aus spirituellen Gründen, wie sie Fritjof Capra gegen Ende seines Buches »Wendezeit« andeutet: »Der spirituelle Gehalt der ökologischen Weltanschauung findet seinen idealen Ausdruck in der von der Frauenbewegung befürworteten feministischen Spiritualität – was angesichts der naturgegebenen Verwandtschaft zwischen Feminismus und Ökologie, die in der uralten Gleichsetzung von Frau und Natur wurzelt, zu erwarten ist. Die feministische Spiritualität beruht auf dem Bewußtsein des Einsseins aller lebenden Formen und ihres zyklischen Rhythmus von Geburt und Tod, woraus sich ein Verhalten gegenüber dem Leben ergibt, das zutiefst ökologisch ist.«[7]

Auch Teilhard, der sein spirituelles Erwachen dem Einfluß von Frauen verdankt, läßt »Das ewig Weibliche« am 15. März 1918 in seinem Tagebuch sagen: »Schon am Anfang bin ich aus den Händen Gottes hervorgegangen. Alles in diesem Universum, von der blindesten Bewegung der Partikeln und der Sterne, geschieht durch Vereinigung und Fruchtbarkeit. – Ich bin die vereinende und anziehende Seite der Seienden. Durch mich bewegt sich alles und wird alles koordiniert [. . .] Durch mich wird also alles differenziert und alles vergeistigt, – wird alles fruchtbar [. . .] Mit dem Leben habe ich mich in zahllosen Zentren individualisiert. Doch im Angesicht des Menschen hat der Schöpfer mich zum erstenmal in meiner ganzen Schönheit auftreten lassen [. . .] Wenn der Mann eine Frau liebt, glaubt er, sein Herz wende sich nur einem Individuum zu, dem er begegnet und mit dem er sich frei verbindet [. . .] Doch sehr bald wundert er sich über die Gewalt, die in ihm entfesselt wird, und mit Zittern stellt er fest, daß er sich mir nicht vereinen, nicht nähern kann, ohne notwendig in den Dienst eines universellen Werkes der Schöpfung gestellt zu werden. Ich bin das Tor der Welt, nicht nur das Zentrum der Erhellung, sondern das offenbarende Zentrum, der Zugang zu den tiefen, inneren Bereichen der einzigen Wirklichkeit; – ich bin die (stürmische . . .) *Initiation*. Wer mich liebt, liebt alle Dinge: das Universum färbt mich und umhüllt mich mit einem prächtigen Gewand. Ich bin sein Antlitz und sein Blick [. . .] Wer mich findet, hat das Leben gefunden. *Ich bin die Natur.*«[8]

Was bedeutet diese spirituelle Übereinstimmung zwischen New-Age-Denkern und Christen für die Praxis? Anstelle des Patriarchats die Einführung des Matriarchats? Anstelle Gottes des Vaters die Proklamation: »Gott eine Frau«[9]? Anstelle des Pan-en-theismus die Ausbreitung des Pan-en-feminismus? Nichts davon. New-Age-Frauen wie christliche Feministinnen sind sich darüber einig: »Ebenso wie die Individuen dadurch reicher werden, daß sie sowohl die männlichen als auch die weiblichen Seiten des

Selbst (Unabhängigkeit und Fürsorge, Intellekt und Intuition) entwickeln, profitiert auch die Gesellschaft von einer Veränderung des Gleichgewichts der Machtverhältnisse zwischen den Geschlechtern« (Marilyn Ferguson[10]). Catharina J. M. Halkes, Dozentin für Feminismus und Christentum an der Theologischen Fakultät Nijmwegen, spitzt die androgyne These noch zu: »Ich glaube nicht mehr daran, daß Mann und Frau ›komplementär‹ sind, geschweige denn, daß die Frau eine nützliche und nötige Ergänzung des Mannes ist. Beide Geschlechter tragen die Möglichkeit in sich – das, was bis heute als männliche und weibliche Kompenenten oder Polaritäten bekannt war – zu integrieren und auf diese Weise autonome, auf Ganzheit und Androgynie (Mannweiblichkeit) zuwachsende Menschen zu werden. Dies bedeutet nicht, daß wir in unserem Streben nach Menschwerdung kein Bedürfnis nach menschlichen Beziehungen hätten. Im Gegenteil: daran wachsen wir ja gerade. Aber jeder Mensch – Mann oder Frau – kann sich entfalten, ohne unbedingt auf die Ergänzungen durch das andere Geschlecht angewiesen zu sein. Was wir brauchen, ist ein Leben in Gegenseitigkeit; seine Akzente lassen sich jedoch nicht im vornhinein festlegen.«[11] Denn so wie Gott weder Geist noch Materie ist, sondern als »implizite Ordnung« dieser Elemente diese übersteigt, so ist er auch weder Mann noch Frau, sondern der beide Qualitäten umfassende Urgrund. Wenn es in der biblischen Schöpfungsgeschichte heißt: »Gott schuf den Menschen als sein Abbild; als Abbild Gottes schuf er ihn. Als Mann und Frau schuf er sie« (Gen 1,27), und wenn Gott in Christus nicht zuerst weder Mann noch Frau geworden ist, sondern Mensch, dann bedeutet das für das New-Age-Bewußtsein: »Es gibt nicht mehr Juden und Griechen, nicht Sklaven und Freie, nicht Mann und Frau; denn ihr alle seid ›einer‹ in Christus Jesus« (Gal 3,28).

In diesem Sinne läßt sich auch die Bemerkung einer Teilnehmerin der Alpbacher Konferenz verstehen: »Ich möchte Ihre Frage beantworten, da es keine Frauen in dieser Diskussionsgruppe gibt. So wie ich die Dinge sehe, und das ist meine persönliche Meinung, kommt die Ungleichheit zwischen Männern und

Frauen in unserer Gesellschaft von der Unausgeglichenheit in uns selbst. Das Männliche und Weibliche ist in uns selbst nicht im Gleichgewicht, und wenn es uns gelingt, dieses Gleichgewicht herzustellen und das Männliche und das Weibliche in uns selbst zu integrieren, werden wir dieses Gleichgewicht auf der ganzen Welt haben. Ich glaube also, daß wir in uns selber anfangen müssen!«[12]

4. Der Weg der sanften Energien oder das Solarzeitalter

Eine der Konsequenzen der Integration des weiblichen Prinzips in unsere wirtschaftspolitische Wirklichkeit wäre das Ende der harten Technologien und der »Übergang ins Solarzeitalter«, wie ihn Fritjof Capra beschrieben hat. Nach der Katastrophe von Tschernobyl 1986 klingen seine bereits 1982 formulierten Leitsätze wie Prophetien: »Die Verlagerung von harten auf sanfte Technologien wird am meisten in den Bereichen benötigt, die mit der Erzeugung von Energie zusammenhängen [. . .] Liegen doch die tiefsten Wurzeln unserer heutigen Energiekrise in den Strukturen verschwenderischer Produktion und verschwenderischen Konsums, die für unsere Gesellschaft charakteristisch geworden sind. Um diese Krise zu lösen, brauchen wir nicht mehr Energie, was unsere Probleme nur noch erschweren würde, sondern tiefgreifende Veränderungen in unseren Wertvorstellungen, Verhaltensweisen und Lebensstilen. Während wir dieses Ziel verfolgen, müssen wir jedoch auch unsere Energieerzeugung von nicht-erneuerbaren auf erneuerbare Hilfsquellen und von harten auf sanfte Technologien umstellen, um ein ökologisches Gleichgewicht zu erzielen. Die Energiepolitik der meisten Industrieländer verfolgt, was Amory Lovins, Physiker und Energieberater zahlreicher Organisationen, den ›harten Energieweg‹ genannt hat, auf dem Energie aus nicht-erneuerbaren Hilfsquellen erzeugt wird – Erdöl, Erdgas, Kohle und Uranium –, und zwar mittels hochzentralisierter Technologien, die starr programmiert, unwirtschaftlich und ungesund sind. Die Kernenergie ist die weitaus gefährlichste Komponente des harten Energieweges. Zugleich wird sie schnell zur am wenigsten leistungsfähigen und unwirtschaftlichsten Energiequellen [. . .] Der einzige Ausweg aus der Energiekrise besteht darin, den ›Weg der sanften Energie‹ zu gehen, der nach Lovins drei Hauptkomponenten hat: Energieersparnis durch wirksamere Verwendung der Energie, vernünftige Nutzung der gegenwärtigen nichterneuerbaren Energiequellen als ›Überbrückungsbrennstoffe‹ während der Übergangszeit und schnelle Entwicklung sanfter Technologien für die Energieerzeugung aus erneuerbaren Hilfsquellen. Eine derartige dreifache Methode wäre nicht nur umweltfreundlich und ökologisch ausgeglichen, sie würde auch die wirksamste und billigste Energiepolitik darstellen.«[13]

Diese Einschätzung wird auch von dem deutschen Expertenteam um Carl Friedrich von Weizsäcker, Klaus Michael Meyer-Abich und Bertram Schefold in »Die Grenzen der Atomwirtschaft« bestätigt mit der Ergänzung, daß der sanfte Energieweg auch sozialverträglicher ist: »So wie durch die Atombombe in der Waffentechnik ganz neue Größenordnungen der Zerstörungskraft erreicht worden sind, verbinden sich auch mit der zivilen Nutzung der Atomenergie Zerstörungskräfte in einem Ausmaß, wie es sie in keinem anderen Industriebereich bisher je gegeben hat. Die Atomtechnik ist deshalb mit einer Gewissenhaftigkeit entwickelt worden, die in der Industriegeschichte ihresgleichen sucht. Die maximalen Schadenspotentiale können jedoch auch durch einen noch so sorgfältigen Umgang mit der Atomenergie nicht aus der Welt geschafft werden, sondern diese Sorgfalt vermindert nur die Wahrscheinlichkeiten, daß es zu Unfällen kommt. Wenn einige Millionstel Gramm Plutonium zum Tode führen können, einige Kilogramm für eine Atombombe genügen und große Unfälle in atomtechnischen Anlagen Tausende von Quadratkilometern unbewohnbar machen können, ist es nicht so sehr eine technische, sondern eine Frage der Sozialverträglichkeit, ob wir uns den rechten Umgang mit einigen hundert Tonnen Plutonium pro Jahr zutrauen wollen. Soweit die Industriegesellschaft auch in Zukunft mit Unterlegenheitsproblemen und politischen Perversionen – z. B. Terrorismus – rechnen muß, ist dabei zunehmend auch der Mißbrauch von Atomenergie zu berücksichtigen. Die Bundesrepublik Deutschland war bisher ein ungewöhnlich ruhiges Land. Langfristige Entscheidungen wie in der Energiepolitik dürfen nicht voraussetzen, daß dies so bleibt. Zu berücksichtigen sind sowohl politisch-ideologische als auch ökonomische und persönliche Motive zum Mißbrauch der Atomtechnik.«[14]

Was für das relativ stabile Westeuropa gilt, muß erst recht für die politisch und sozial instabileren Weltregionen in Rechnung gestellt werden. Und welche Konsequenzen ein künftiges Sicherungssystem kerntechnischer Anlagen für die praktische Ausübung demokratischer Freiheitsrechte und die Aushöhlung der verfassungsgemäßen Grundrechte hat[15], dafür gibt es bereits genügend Beispiele in der Bundesrepublik Deutschland.

»Auf lange Sicht«, so fordert Fritjof Capra im Namen der New-Age-Bewegung und verweist auf erinnernswerte Zusammenhänge, »brauchen wir eine Energiequelle, die erneuerbar, wirtschaftlich, leistungsfähig und umweltfreundlich ist. Die einzige Form von Energie, die allen diesen Kriterien gerecht wird, ist die Sonnenenergie. Die Sonne ist schon seit Milliarden von Jahren die Hauptenergiequelle unseres Planeten, und das Leben in seinen vielfältigen Formen hat sich während der langen Evolution des Planeten auf ausgezeichnete Weise dieser Sonnenergie angepaßt. Alle von uns verwendete Energie, die Kernkraft ausgenommen, stellt irgendeine Form gespeicherter Sonnenenergie dar. Ob wir Holz, Kohle, Erdöl oder Gas verbrennen – stets verwenden wir Energie, die einst von der Sonne auf die Erde abgestrahlt und dort durch Photosynthese in chemische Substanzen umgewandelt wurde. Der unsere Segelboote und Windmühlen antreibende Wind ist ein Luftstrom, der durch die Aufwärtsbewegung anderer, von der Sonne erwärmter Luftmassen verursacht wird. Das fallende Wasser, das unsere Turbinen antreibt, ist Teil des von der Sonnenstrahlung ständig in Gang gehaltenen Wasserkreislaufs [. . .] Doch sind nicht alle dieser Formen erneuerbar.« In Zukunft wird man sich auf die unerschöpflichen oder erneuerbaren Quellen Sonne, Wind und Biogas konzentrieren und sie durch entsprechende Technologien erschließen müssen. »Das hervorragendste Merkmal dieser Technologien ist, daß sie dezentralisiert sind. Da die von der Sonne abgestrahlte Energie über die ganze Erde verteilt wird, haben zentralisierte Sonnenkraftwerke keinen Sinn, sind sogar von Natur aus unwirtschaftlich. Die Solartechnologie wird am wirksamsten von kleinen Einrichtungen genutzt, die von örtlichen Gemeinschaften betrieben werden, eine breite Vielfalt von Arbeitsplätzen schaffen und umweltfreundlich sind [. . .] Eine Form von Sonnenenergie, die schon jetzt sehr vorteilhaft verwendet werden kann, ist Sonnenheizung. Diese kann ›passiv‹ sein, wenn das in Frage kommende Gebäude die Wärme selbst auffängt und speichert, oder ›aktiv‹, wenn spezielle Sonnenkollektoren verwendet werden.«[16]

5. Denke global, handle regional

Dieser Gesichtspunkt der Dezentralisation unserer politischen und wirtschaftlichen Einrichtungen steht nicht im Gegensatz zur Global-Strategie der New-Age-Bewegung. Für sie gilt vielmehr die von E. F. Schumacher aufgestellte Devise: »Small ist beautiful« (deutscher Titel des berühmten Buches: »Die Rückkehr zum menschlichen Maß«), die in der Diskussion von Alpbach in dem Slogan gegenwärtig war: »Denke global, handle regional.« Morris Berman hat diesen Trend wie folgt beschrieben: »Politisch wird das große Schwergewicht auf Dezentralisierung liegen, die auf alle gesellschaftlichen Institutionen ausgeweitet wird und als Voraussetzung für planetare Kultur erkannt sein wird. Dezentralisation bedeutet kleine Institutionen, die lokaler Kontrolle unterliegen, sowie politische Strukturen regionaler und autonomer Natur. Charakteristisch für solch eine Dezentralisierung sind Gemeindekrankenhäuser und Nahrungsmittel-Coops sowie die

Kultivierung von nachbarschaftlicher Hilfe und Autonomie, die Beseitigung solcher Zerstörer von Gemeinschaft wie Fernsehen, Autos und Autobahnen. Massenproduktion wird dem Handwerk weichen, Landwirtschaft wird kleiner, organischer und arbeitsintensiv werden, und zentralisierte Kraftwerke, insbesondere Atomkraftwerke, werden jenen erneuerbaren Energieoptionen weichen, die am besten in die jeweilige Region passen. Große Ausbildungszentren, die im wesentlichen eine einzige Art Wissen als Vorbereitung auf eine berufliche Karriere vermitteln, werden ersetzt werden durch echte Lehrzeit in Form einer lebenslangen Ausbildung, die sich den wandelnden Interessen anpaßt. Es wird nicht länger um die Karriere gehen, sondern um *Leben* [. . .] Die Volkswirtschaft schließlich wird sich im Fließgleichgewicht befinden, eine Mixtur aus Sozialismus im kleinen Maßstab, Kapitalismus und direktem Tauschhandel. Es wird eine ›Erhaltergesellschaft‹ sein, ohne Verschwendung und, soweit möglich, mit großem Schwergewicht auf regionaler Unabhängigkeit. Die Haltung in bezug auf andere und natürliche Ressourcen wird harmonisch sein und Ausbeutung und Gewinnstreben ersetzen.«[17]

Die paradoxe Situation in der Bundesrepublik, wo die sich christlich nennenden Parteien die mit der Atomenergie verbundenen Risiken trotz des Menetekels von Tschernobyl bewußt weiter eingehen wollen, hat eindeutige Stellungnahmen von offizieller katholischer Seite bisher verhindert, auch wenn Kardinal Höffner gleich nach dem politisch gleichgeschalteten Katholikentag in Aachen 1986 in einem Interview den »Ausstieg aus der Kernenergie« gefordert hat. Von protestantischer Seite hat sich das Vorstandskollegium des Reformierten Bundes eine Stellungnahme der »Solidarischen Kirche Westfalen-Lippe« zu eigen gemacht, in der es heißt: »Vor Gott, dem Schöpfer und Erhalter allen Lebens, kann die großtechnische Nutzung der Atomkraft mit ihren Schadensrisiken nicht verantwortet werden. Indem wir uns zu Gott, dem ›Schöpfer des Himmels und der Erde‹, bekennen, schließen wir zugleich für uns aus, daß wir Menschen uneingeschränkt über die Natur verfügen können, die Gottes gute

Schöpfung ist [. . .] Das dem Menschen im ›Herrschaftsauftrag‹ (Gen 1,26–30 und Ps 8) zugestandene Recht, die Gaben und Kräfte der Natur zu nutzen, hat seine absolute Grenze dort, wo die Lebenssubstanz von Mensch und Tier durch Menschen aufs Spiel gesetzt und gefährdet wird [. . .] Die ›friedliche‹ Nutzung der Atomernergie kann die Freisetzung von Radioaktivität in großen Maßen nicht absolut ausschließen, so daß mit dieser Form der Energiegewinnung in überschaubarer Zeit als ›Restrisiko‹ die [irreparabele] Schädigung der Erb- und Lebenssubstanz in Kauf genommen wird. [. . .] Jetzt, wo die Gefahren und die niemals volle Beherrschbarkeit der Atomtechnologie für jedermann erfahrbar werden, finden die Regierungen noch immer nicht den Mut, die offenkundigen Fehlentscheidungen der vergangenen Jahre einzugestehen und den falschen Weg einer atomaren Sicherung des Friedens und der Energieversorgung zu verlassen [. . .] Es gibt durchkalkulierte Alternativen für eine Energiezukunft ohne Atomkraft, die die Wirtschaftskraft der Bundesrepublik nicht beeinträchtigen werden. Deshalb können propagandistische Drohungen mit dem Verlust von Arbeitsplätzen oder mit einer einschneidenden Energieverknappung [. . .] bei einem Ausstieg aus der Atomenergie nicht überzeugen. Aber auch das unbeirrbare Festhalten am Atomenergie-Kurs vor allem in Frankreich und in den Ländern des Ostblocks soll uns in der Bundesrepublik nicht daran hindern, jetzt schon mit allem Erfindergeist, mit allen verfügbaren Mitteln der technisch-wissenschaftlichen Intelligenz und unserer Wirtschaftskraft eine Energiezukunft ohne Atomkraft zu entwickeln.«[18]

Auch die Synode der Nordelbischen Evangelisch-Lutherischen Kirche hat auf einer Sondersitzung am 30. November 1986 in Kiel eine Beschlußvorlage des Umweltausschusses zum Ausstieg aus der Kernenergie als »vorläufige, aber wegweisende Erklärung entgegengenommen« und ihr »im Grundsatz zugestimmt«[19].

In der Woche darauf hat sich auch die Synode der Evangelischen Kirche in Hessen und Nassau für einen Verzicht auf die weitere Nutzung der Kernenergie und einen »Umstieg« auf alternative, die Umwelt weniger belastende Energieformen sowie für verstärkte Energieeinsparung ausgesprochen. Eine entsprechend veränderte Energiepolitik bringe zusätzliche Aufgaben für Forschung und Wirtschaft mit sich und könne damit neue Arbeitsplätze schaffen. Die Kirchenleitung wird in dem Votum ersucht, bei den Landtagsfraktionen und den Regierungen in Hessen und Rheinland-Pfalz sowie bei den im Bundestag vertretenen Parteien auf den Kernenergieverzicht zugunsten alternativer Energien hinzuwirken[20].

Einer Zusammenarbeit von Christen und New-Age-Anhängern im Hinblick auf einen verantwortlich geplanten Ausstieg aus der Atomenergie liegt deshalb nichts im Wege.

Auch das Gleichgewicht zwischen globaler und lokaler Strategie, das wegen des gegenwärtigen Übergewichts der politischen, wirtschaftlichen und kulturellen Block- und Monopolbildungen zunächst die Forderung nach Dezentralisation bedeutet, entspricht christlichen Vorstellungen. Erst jüngst hat die römisch-katholische Kirche in der »Instruktion der Kongregation für die Glaubenslehre über die christliche Freiheit und Befreiung« vom 22. März 1986 an die komplementären Prinzipien »Solidarität« und »Subsidiarität« erinnert: »Kraft des ersteren muß der Mensch mit seinesgleichen zum Gemeinwohl der Gesellschaft auf all ihren Ebenen beitragen. Daraus folgt, daß die Soziallehre der Kirche allen Formen eines sozialen oder politischen Individualismus entgegensteht. Kraft des zweiten Prinzips dürfen weder der Staat noch irgendeine gesellschaftliche Macht die Initiative und Verantwortlichkeit der Personen und der Gemeinschaften der mittleren Ebene im Bereich, wo diese tätig werden können, ersetzen oder ihren notwendigen Freiheitsraum zerstören.«[21]

X. Christentum und Neues Bewußtsein

> Der Beistand aber, der Heilige Geist, den der Vater in meinem Namen senden wird, der wird euch alles lehren und euch an alles erinnern, was ich euch gesagt habe.
>
> *Johannes 14,26*

1. Das Beispiel Pater Enomiya-Lassalle

Zu denen, die sich als prominente Christen gegenwärtig zur New-Age-Bewegung bekennen, gehört Hugo Makibi Enomiya-Lassalle. Hugo Lassalle wurde 1898 in Westfalen im Schoß einer alten französischstämmigen Hugenottenfamilie geboren. 1917 wurde er an der Westfront verwundet, während Teilhard de Chardin, bereits Jesuit, auf französischer Seite Sanitätsdienste leistete. Lassalle trat 1919 in den Jesuitenorden ein. Auch er studierte wie Teilhard dann zeitweise in England und ging 1929 nach Japan, Teilhard bereits 1923 nach China. Lassalle wurde beim Abwurf der Atombombe auf Hiroshima strahlengeschädigt und regte den Bau der Weltfriedenskirche in Hiroshima an. 1947 nahm er den japanischen Namen Makibi Enomiya an. Von 1950 bis 1978 war er Professor für Religionswissenschaft an der Musikhochschule zu Hiroshima. Seit dem Krieg hat er sich gründlich mit der Zen-Meditation befaßt und bei dem berühmten Zen-Meister Daiun Sogaku Harada gelernt. 1960 wurde ein von ihm errichtetes Zen-Exerzitien-Haus in der Nähe von Hiroshima, 1969 die von ihm erbaute Zen-Halle »Höhle des göttlichen Dunkels« am Rande von Tokyo in einem von einem Wildbach auf drei Seiten umflossenen Naturschutzgebiet eingeweiht. »Im Zen«, sagt Enomiya-Lassalle, »kommt die Seele Gott bis an die Grenze ihrer Möglichkeiten entgegen.« Seit Ende der 60er Jahre hält Enomiya-Lassalle in der ganzen Welt Zen-Kurse ab. Sein

Buch »Zen – Weg der Erleuchtung« wurde, wie die Schriften Teilhards, von der römisch-katholischen Kirche zunächst beanstandet, doch während des II. Vatikanischen Konzils, das sich auch dem Einfluß Teilhards nicht entziehen konnte, freigesprochen. Der langjährige, für Enomiya-Lassalle zuständige Jesuitengeneral Pedro Arrupe, der selbst jahrelang in Japan gearbeitet hatte, schrieb über ihn: »Da ich Pater Lassalle äußerlich und innerlich sehr gut kenne, glaube ich sagen zu können, er ist kein ›guru‹, kein ›leader‹, kein ›Pater Spiritual‹, kein ›Romantiker‹, kein ›westlicher Jesuit‹. Nein! Er ist all das und noch viel mehr: er ist ein Apostel, der allen alles werden wollte (1 Kor 9,22). Und das ist ihm gelungen.«[1] Enomiya-Lassalle, auch den New-Age-Anhängern ein New-Age-Anhänger geworden, ist davon überzeugt: New-Age-Bewußtsein und neues christliches Bewußtsein sind keine Gegensätze, sondern entstammen der gleichen Quelle, der Unruhe des Geistes Gottes, der den Erdkreis erfüllt und »weht, wo er will« (Joh 3,8).
Das gilt für den Vorrang der religiösen Erfahrung: »Die begriffliche Darstellung der religiösen Wahrheiten reicht oft auch aufrichtigen Christen nicht mehr aus. Daher suchen viele von ihnen nicht mehr in der Theologie, sondern in der Glaubens- und Gotteserfahrung auf verschiedenen Wegen ihr Heil. Das ist eine typische Erscheinung unserer Zeit und sollte nicht als Verlust angesehen werden; denn es ist in Wirklichkeit ein Fortschritt.«
Das gilt für den neuen Zugang zur Heiligen Schrift: »Christen, die lange die Zenmeditation üben, finden dadurch nicht selten einen neuen Zugang zur Heiligen Schrift. Diese neue Art des Verstehens ist nicht mehr rational; sie besteht auch nicht darin, daß ihnen beim Lesen oder Nachdenken über den Text irgendeine religiöse Einzelerkenntnis aufgeht, denn damit blieben sie immer noch auf derselben Stufe wie zuvor. Vielmehr lesen sie die Worte zwar ganz bewußt, schauen dabei aber gewissermaßen hindurch bis zu der Realität, die hinter den Worten und Begriffen steht. Dabei ist der ganze Mensch angesprochen.«
Das betrifft die göttliche Dimension der Wirklichkeit: »Dadurch aber, daß mit dem historischen Jesus das Wort, das Gott ist,

unzertrennlich verbunden war, ist auch für die Menschheit eine neue göttliche Dimension Wirklichkeit geworden. Dieser Schluß ist durchaus berechtigt, da wir heute mehr denn je die Menschheit als etwas Ganzes betrachten und nicht nur als eine Summe von vielen Einzelmenschen, obwohl auch der einzelne Mensch als solcher da ist in voller Verantwortung. In diesem Sinn sagt Teilhard de Chardin, das große Geheimnis des Christentums sei gerade nicht das Erscheinen, sondern die Transparenz Gottes im Universum. Transparenz und Überwindung des Dualismus sind, wie wir gesehen haben, typisch für das neue Bewußtsein.«
Das gilt für die Erfüllung christlicher Erwartungen: »Was nun die Auswirkungen des neuen Bewußtseins betrifft, wenn es einmal wirklich integriert ist, so ist manches auch im christlichen Sinn eine Erfüllung. Es wurde z. B. gesagt, daß dann erst, aber dann auch mit Gewißheit, die Kriege aufhören würden. Darüber finden wir schon im Alten Testament Voraussagungen eines ewigen Friedens. Denken wir nur an Jesaja, der unter anderem sagt: ›Dann schmieden sie Pflugscharen aus ihren Schwertern und Winzermesser aus ihren Lanzen. Man zieht nicht mehr das Schwert und übt nicht mehr für den Krieg‹ (Jes. 2,4). Die Propheten haben all das mit Rücksicht auf das kommende Reich des Messias gesagt. Jedoch ist damit die Erfüllung dieser Prophezeiung nicht zeitlich auf Jahr und Tag festgelegt. Aber man kann doch in dem, was mit dem integralen Bewußtsein Wirklichkeit wird, einen Beginn der Umwandlung der Welt gemäß den messianischen Weissagungen sehen. Auch das Unsterblichwerden des Körpers steht grundsätzlich nicht im Widerspruch mit dem christlichen Glauben. Denn der Körper gehört auch zu einem menschlichen Wesen. Daher nimmt er auch nach christlicher Auffassung an der Verherrlichung des Geistes teil.«
Das gilt auch für die Krise des Christentums, in die es geraten wird: »Allerdings wird das Christentum besonders im Sinn der Kirchen immer mehr in die Krise kommen, je mehr sich das neue Bewußtsein durchsetzt. Einer der Gründe dafür ist folgender Sachverhalt: Das Christentum ist vor 2000 Jahren auf dem kulturellen und religiösen Hintergrund Palästinas entstanden.

Christus und seine Jünger stammten aus diesem Land und hatten fast ausschließlich diese Kultur zu eigen. Die Apostel sind nicht nach Athen und Rom gereist, um auch die dortigen Kulturen zu integrieren und erst dann dem Auftrag Christi entsprechend den christlichen Glauben in der ganzen Welt zu verkünden. Die aus der Lehre Christi sich entwickelnde Theologie jedoch entstand in engster Verbindung mit der griechisch-lateinischen Kultur und weiterhin der Scholastik des Mittelalters. Alle diese Gebiete sind mit vielen anderen heute in Frage gestellt. Das Zweite Vatikanische Konzil wurde eröffnet, um dieser Entwicklung Rechnung zu tragen. Das war das unsterbliche Verdienst von Papst Johannes XXIII. [. . .] Wie im einzelnen das Christentum aussehen wird, nachdem das neue Bewußtsein vollkommen in die Menschheit integriert ist, kann heute niemand voraussehen. Wohl aber können und sollen wir uns fragen, was wir tun können, damit die richtigen neuen Formen gefunden werden. Dazu ist an erster Stelle zu sagen, daß wir zu den Quellen zurückgehen müssen, zu Christus und den Jüngern, die mit ihm lebten und ihn erlebten [. . .] Gibt es überhaupt eine Gewähr dafür, daß das, was wir bei unserem Suchen nach der Quelle finden, auch wirklich die Lehre und Erfahrung Christi ist? Wenn es überhaupt eine Gewähr gibt, so kann es nur die eigene religiöse Erfahrung sein, die wir in tiefem Gebet und in der Kontemplation finden. Nur dort kann uns unmittelbar von Christus selbst die Antwort gegeben werden. Darum muß das Suchen nach den Quellen und neuen Formen immer mit der religiösen Erfahrung verbunden sein.«[2]

2. Capra über Teilhard

Wie schon angeklungen, beruft sich Enomiya-Lassalle in seinem Werk immer wieder auf Teilhard de Chardin als einen Vorläufer der New-Age-Bewegung und als Zeugen dafür, daß sich Christentum und Neues Bewußtsein nicht widersprechen müssen. Diese Einschätzung, die uns eingangs vor allem in Marilyn

Fergusons Buch »Die sanfte Verschwörung« begegnet ist – »Teilhard prophezeite das zentrale Phänomen dieses Buches: Eine Verschwörung von Männern und Frauen, deren neue Perspektiven eine entscheidende ›Ansteckung‹ hin zur Veränderung auslösen würden«[3] –, findet sich auch bei Fritjof Capra, für den Teilhard der Vertreter der abendländischen christlichen Mystik ist, mit dem sich die New-Age-Denker noch am ehesten verständigen könnten: »Unter den abendländischen Mystikern ist wahrscheinlich Pierre Teilhard de Chardin derjenige, dessen Gedanken denen der neuen Systembiologie am nächsten kommen. Teilhard war nicht nur Jesuitenpater, sondern auch ein hervorragender Naturwissenschaftler, der in Geologie und Paläontologie große Leistungen vorweisen kann. Er versuchte, seine naturwissenschaftlichen Einsichten, mystischen Erfahrungen und theologischen Doktrinen zu einer zusammenhängenden Weltanschauung zu integrieren, die von einem Denken in Prozessen dominiert war und sich besonders auf das Phänomen der Evolution bezog. Teilhards Evolutionstheorie steht in scharfem Gegensatz zur neodarwinistischen Theorie, weist aber einige bemerkenswerte Ähnlichkeiten mit der neuen Systemlehre auf. Seine Schlüsselidee bezeichnet er als ›Gesetz des Komplexitäts-Bewußtseins‹. Danach verläuft die Evolution in Richtung zunehmender Komplexität, die wiederum von einem entsprechenden Aufstieg des Bewußtseins begleitet wird und ihren Höhepunkt in der menschlichen Spiritualität erreicht. Teilhard verwendet den Ausdruck ›Bewußtsein‹ im Sinne von Gewahrsein und definiert ihn als ›spezifischen Effekt organisierter Komplexität‹, was mit der System-Auffassung des Geistes absolut vereinbar ist. Für Teilhard manifestiert sich der Geist auch in größeren Systemen. Er schrieb, der Planet sei während der menschlichen Evolution mit einem Gedankengewebe bedeckt, für das er den Ausdruck ›Gedankenschicht‹ oder ›Noo-Sphäre‹ prägte (vom griechischen *noos* = Geist). Schließlich war Gott für ihn die Quelle allen Seins und vor allem Quelle der Kraft der Evolution. Sieht man Gott als universale Dynamik der Selbstorganisation, dann könnte Teilhards Gottesvorstellung, wenn man sie von ihren patriarchalischen Begriffsinhalten befreit, unter den vielen Bildern, mit denen Mystiker das Göttliche beschrieben haben, den Vorstellungen der modernen Naturwissenschaft am nächsten kommen. Wissenschaftler, die nicht imstande waren, über den reduktionistischen Rahmen ihrer Disziplin hinauszusehen, haben Teilhard de Chardin oft ignoriert, geringschätzig behandelt oder attakkiert. Da sich heute jedoch der neue System-Ansatz zum Verständnis der Organismen durchzusetzen beginnt, erscheinen seine Ideen in neuem Licht, was wahrscheinlich erheblich zur allgemeinen Anerkennung der Übereinstimmung zwischen den Anschauungen von Naturwissenschaftlern und Mystikern beitragen wird.«[4]

3. Teilhard und die Kirche

Doch gilt Teilhard nicht unter den Christen, unter den römisch-katholischen vor allem aus doktrinären Gründen, unter den Protestanten mehr aus traditioneller Skepsis gegenüber einer »natürlichen« Theologie, als Außenseiter, so daß er als Brückenbauer zwischen Christentum und New-Age-Spiritualität nicht in Frage kommt? Zunächst ist festzuhalten, daß es vor allem Theologen waren, die wie die von Capra genannten Wissenschaftler »nicht imstande waren, über den reduktionistischen Rahmen ihrer Disziplin hinauszusehen« und Teilhard de Chardin »oft ignoriert, geringschätzig behandelt oder attackiert« haben. Wenn jedoch ein so umsichtiger Theologe wie Karl Rahner in seinem »Grundkurs des Glaubens« von 1976 in einem zentralen Abschnitt »Die Christologie innerhalb einer evolutiven Weltanschauung«[5] behandelt, der ganz den Geist Teilhards atmet, und wenn der neue »Katholische Erwachsenenkatechismus« dort, wo es über das Thema »Naturwissenschaft und Theologie im Gespräch«, speziell über die Evolution geht, als einzigen Theologen Teilhard zitiert: »Gott macht, daß sich die Dinge selber machen«,[6] – dann sind das Anzeichen dafür, daß Teilhard bereits zu den Theologen gehört, denen es gelungen ist, den christlichen Glauben im Hinblick auf zentrale Probleme der Gegenwart und Zukunft zu transformieren. »Abgesehen von den Schwierigkeiten des Entwurfs und den Schwächen des Ausdrucks dieses kühnen Versuchs einer Synthese«, hat selbst Kardinalstaatssekretär Agostino Casaroli am 12. Mai 1981 anläßlich des hundertsten Geburtstages von Teilhard de Chardin an den Rektor des Pariser »Institut Catholique« im Namen des Papstes geschrieben, »wird unsere Zeit zweifellos das Zeugnis der Einheit des Lebens eines Mannes festhalten, der, in seinem tiefsten Sein von Christus ergriffen, gleichzeitig bemüht war, den Glauben und die Vernunft in gleicher Weise zu ehren, indem er gleichsam im voraus Antwort gab auf den Appell Johannes Pauls II.: ›Habt keine Angst! Öffnet, ja reißt die Tore weit auf für Christus! Öffnet . . . die weiten Bereiche der Kultur, der Zivilisation und des Fortschritts . . .!‹«[7]

4. Im Blick auf das Jahr 2000

So richtig es ist, daß immer dann, wenn neue Propheten auftreten, gerade der Christ dazu aufgerufen ist, die Geister kritisch zu unterscheiden, so falsch wäre es, aus Ängstlichkeit alles Neue abzulehnen mit der Begründung, für den Christen erübrige sich eine wie immer geartete Weiterentwicklung seines Bewußtseins. Dem hat Papst Johannes Paul II. in der Heilig-Geist-Enzyklika vom 18. Mai 1986 entgegengehalten: »Das große Jubiläum des Jahres 2000 enthält [. . .] eine Botschaft der Befreiung durch das Wirken des Geistes, der allein den Menschen und den Gemeinschaften helfen kann – indem er sie mit dem ›Gesetz des Geistes, der in Jesus Christus lebendig macht‹ (Röm 8,2), führt –, sich aus den alten und neuen Zwängen zu befreien, wobei sie auf diese Weise das volle Maß der wahren Freiheit des Menschen entdekken und verwirklichen. Denn, so schreibt der heilige Paulus, ›wo der Geist des Herrn wirkt, da ist Freiheit‹.«

Auch das Argument, der Christ könne von den Nichtchristen nichts lernen oder er sei auf Zusammenarbeit mit ihnen nicht angewiesen, entkräftet der Papst in dem gleichen Dokument: »Auch unter den gewöhnlichen Bedingungen der Gesellschaft tragen die Christen als Zeugen *der wahren Würde des Menschen* durch ihren Gehorsam dem Heiligen Geist gegenüber zur vielfältigen ›Erneuerung des Antlitzes der Erde‹ bei, indem sie mit ihren Brüdern zusammenarbeiten, um all das zu verwirklichen und zu vervollkommnen, was im heutigen Fortschritt der Zivilisation und Kultur, der Wissenschaft und Technik und der anderen Bereiche des menschlichen Denkens und Wirkens gut, edel und schön ist. Dies tun sie als Jünger Christi, der – wie das Konzil schreibt – ›durch seine Auferstehung zum Herrn bestellt, ... schon *durch die Kraft seines Geistes* in den Herzen der Menschen dadurch wirkt, daß er nicht nur das Verlangen nach der zukünftigen Welt in ihnen weckt, sondern eben dadurch auch jene selbstlosen Bestrebungen belebt, reinigt und stärkt, durch die die Menschheitsfamilie sich bemüht, ihr eigenes Leben humaner zu gestalten und die ganze Erde diesem Ziel dienstbar zu machen.‹«[8]

So steht nichts im Wege, daß es zu einer von Sympathie getragenen Zusammenarbeit zwischen Christen und New-Age-Anhängern kommt, ja daß Christen New-Age-Anhänger und New-Age-Anhänger Christen werden, was Kritik aneinander und Selbstkritik nicht ausschließt, sondern erst eigentlich ermöglicht. Da einige hervorragende Christen, wie wir gezeigt haben, zu den Vorläufern und Vordenkern der New-Age-Spiritualität zählen, ist der Geist des Neuen Zeitalters dem Christen nicht fremd, sondern letztlich vertraut; er sollte sich für ihn vielleicht sogar verantwortlich fühlen. Die Geister unterscheiden, falsche Propheten und Scharlatane entlarven: das ist eine Aufgabe, die sich überall stellt, wo Ideen eine Rolle spielen. Doch nie zuvor in der Menschheitsgeschichte scheint es so notwendig gewesen zu sein wie heute – angesichts der die Existenz der Menschheit bedrohenden Vernichtungsenergien und -techniken –, daß alle Menschen guten Willens zusammenwirken, sich dem Geist des

Neuen Zeitalters öffnen, sich verschwören, wie es Marilyn Ferguson beschrieben hat: »Die Dichter und Philosophen hatten recht mit ihren Andeutungen eines offenen, kreativen Universums. Transformation, Innovation, Evolution – sie stellen die natürlichen Antworten auf eine Krise dar. Es wird zunehmend klarer, daß die Krisen unserer Zeit den notwendigen Impuls für die soeben beginnende Revolution darstellen. Und wenn wir die transformativen Kräfte der Natur einmal verstehen, so sehen wir, daß gerade die Krisen unserer Zeit unsere machtvollen Verbündeten sind und keineswegs Zwänge, die wir zu fürchten hätten oder denen wir uns unterwerfen müßten. *Unser Wissen um die Krankheit ist unsere Chance*. In jedem Zeitalter – so der Wissenschaftler und Philosoph Pierre Teilhard de Chardin – hat sich der Mensch selber zu einem Wendepunkt in der Geschichte erklärt. ›Bis zu einem gewissen Grad, so, wie er sich auf einer steigenden Spirale vorwärtsbewegt, hat der Mensch damit nicht unrecht gehabt. Es gibt jedoch Augenblicke, in denen dieser Eindruck der Transformation hervorgehoben wird und somit besonders gerechtfertigt erscheint.‹ Teilhard prophezeite das zentrale Phänomen dieses Buches: eine Verschwörung von Männern und Frauen, deren neue Perspektiven eine entscheidende ›Anstekkung‹ hin zur Veränderung auslösen würden.«[9]

Auf Grund der Zusammenhänge und Parallelen, die wir aufgezeigt haben, drängt sich der Schluß auf: Der Geist des Neuen Zeitalters ist der Geist Gottes. Das läßt uns hoffen und fordert uns auf, an der »sanften Verschwörung« mitzuwirken.

Anmerkungen

I. Motti und Einleitung

[1] *Marilyn Ferguson,* Die sanfte Verschwörung. Persönliche und Gesellschaftliche Transformation im Zeitalter des Wassermanns. Mit einem Vorwort von *Fritjof Capra,* München o. J. (Knauer Taschenbuch 4123); S. 25f.

[2] *Pierre Teilhard de Chardin,* Die menschliche Energie, Olten 1966, S. 207.

[3] *Karl Rahner,* Grundkurs des Glaubens. Einführung in den Begriff des Christentums, Freiburg/Basel/Wien 1976, S. 192.

[4] *George Trevelyan,* Eine Vision des Wassermann-Zeitalters. Gesetze und Hintergründe des ›New-Age‹, München [2]1985, S. 194.

[5] *Marilyn Ferguson,* a.a.O. (Anm. I,1).

[6] *Elmar Gruber/Susan Fassberg,* New-Age-Wörterbuch. 200 Schlüsselbegriffe von A–Z. Mit aktuellen Literaturhinweisen, Freiburg 1986, S. 152.

[7] *Günther Schiwy,* Der französische Strukturalismus, Reinbek 1969 ([9]1985); Strukturalismus und Christentum. Eine Herausforderung, Freiburg, 1969; Neue Aspekte des Strukturalismus, München 1971; Strukturalismus und Zeichensysteme, München 1973.

[8] *Günther Schiwy,* Teilhard de Chardin. Sein Leben und seine Zeit, 2 Bde., München 1981; (Hrsg.) *Pierre Teilhard de Chardin.* Das Tor in die Zukunft, Ausgewählte Texte zu Fragen der Zeit, München 1984; Teilhard des Chardin. Eine Biographie, München 1985; (Hrsg.) *Pierre Teilhard de Chardin,* Kosmische Gebete, Hildesheim 1986.

[9] *Günther Schiwy,* Poststrukturalismus und ›Neue Philosophen‹, Reinbek 1985 ([2]1986).

[10] Vgl. *Günther Schiwy,* Teilhard de Chardin und das New Age, in: Stimmen der Zeit, (Mai) 1986, S. 339–348.

[11] *Pierre Teilhard de Chardin,* Der neue Geist, in: Die Zukunft des Menschen, Olten/Freiburg 1963, S. 130f.

II. Die apokalyptische Situation

[1] *Theodore Roszak,* Das unvollendete Tier. Eine neue Stufe in der Entwicklung des Menschen, Reinbek 1985, Rückseitentext.

[2] Vgl. dazu *Günther Anders,* der schon 1956 »Über die Bombe und die Wurzeln unserer Apokalypse-Blindheit« geschrieben hat, in: Die Antiquiertheit des Menschen, Band I: Über die Seele im Zeitalter der zweiten industriellen Revolution, München [7]1986, S. 233–324.

[3] Nach: »Der unsichtbare Teil der Vergangenheit.« Interview mit dem US-Historiker Prof. *Morris Berman,* in: *Gert Geisler* (Hrsg.), New Age – Zeugnisse der Zeitenwende, Freiburg 1984, S. 167ff.

[4] *Morris Berman,* Wiederverzauberung der Welt. Am Ende des Newton'schen Zeitalters, München 1983, S. 16.

[5] *Fritjof Capra,* Wendezeit. Bausteine für ein neues Weltbild, München 1985, S. 9.

[6] *Ebenda,* S. 83, 84. Vgl. hierzu auch das vom Nachfolger Werner Heisenbergs am Max-Planck-Institut für Physik in München, *Hans-Peter Dürr,* hrsg. Buch »Physik und Transzendenz. Die großen Physiker unseres Jahrhunderts über ihre Begegnung mit dem Wunderbaren. Mit Beiträgen von *David Bohm, Niels Bohr, Max Born, Arthur Eddington, Albert Einstein, Werner Heisenberg, James Jeans, Pascual Jordan, Wolfgang Pauli, Max Planck, Erwin Schrödinger* und *Carl Friedrich von Weizsäcker.* München 1986.

[7] *Marilyn Ferguson,* a.a.O. (Anm. I,1), S. 56f.

[8] *Pierre Teilhard de Chardin,* a.a.O. (Anm. I,2), S. 207.

[9] *Ebenda,* S. 51

[10] *Elmar Gruber/Susan Fassberg,* a.a.O. (Anm. I,6), S. 122.

[11] *George Trevelyan,* a.a.O. (Anm. I,4), S. 216.

[12] Enzyklika »Dominum et vivificantem« von Papst *Johannes Paul II.* über den Heiligen Geist im Leben der Kirche und der Welt, 18. Mai 1986. Herausgeber: Sekretariat der Deutschen Bischofskonferenz, Kaiserstraße 163, Bonn 1, S. 5.

[13] *Jürgen Moltmann,* Zeit der Wende. Über Bücher von Fritjof Capra, in: *Hans-Jürgen Ruppert,* New Age. Endzeit oder Wendezeit? Wiesbaden 1985, S. 179f.

III. Die Erblast des Christentums

[1] *Charlene Spretnak,* Die Grünen, München 1985, S. 311ff.

[2] *Carl Amery,* Das Ende der Vorsehung. Die gnadenlosen Folgen des Christentums, Reinbek 1984, S. 18f.

[3] *Pierre Teilhard de Chardin,* Tagebücher III, Olten/Freiburg 1977, S. 359ff.

IV. Gott in uns: die älteste Ketzerei?

[1] *Marilyn Ferguson,* a.a.O. (Anm. I,1), S. 441.
[2] *Anthony Brooke,* zitiert nach *George Trevelyan,* a.a.O. (Anm. I,4), S. 89f.
[3] *Karl Rahner,* a.a.O. (Anm. I,3), S. 43, 32.
[4] *Ebenda,* S. 68f.
[5] *Ebenda,* S. 63.
[6] *Rainer Kakuska* (Hrsg.), Andere Wirklichkeiten. Die neue Konvergenz von Naturwissenschaften und spirituellen Traditionen, München 1986, S. 199f.
[7] *Pierre Teilhard de Chardin,* Der göttliche Bereich. Ein Entwurf des Inneren Lebens, Olten/Freiburg 1962, S. 75f.
[8] *Johannes Paul II.,* a.a.O. (Anm. I,12), S. 55f.

V. Gott in der Natur: Pantheismus oder Pan-en-theismus?

[1] *George Trevelyan,* a.a.O. (Anm. I,4), S. 136.
[2] *Alan Watts,* Die sanfte Befreiung. Moderne Psychologie und Östliche Weisheit. München 1985, S. 169.
[3] *Ebenda,* S. 170ff.
[4] *Johannes Paul II.,* a.a.O. (Anm. I,12), S. 52.
[5] *Erich Jantsch,* Die Selbstorganisation des Universums, München 1984, S. 411f.
[6] *Pierre Teilhard de Chardin,* Pantheismus und Christentum (1923), in: Mein Glaube, Olten [2]1974, S. 82.
[7] *Pierre Teilhard de Chardin,* Die schöpferische Einigung (1917), in: Frühe Schriften, Freiburg/München 1968, S. 195f.
[8] *Rupert Sheldrake,* Das schöpferische Universum. Die Theorie des morphogenetischen Feldes, München 1985, S. 200f.
[9] *Pierre Teilhard de Chardin,* Das kosmische Leben (1916), in: a.a.O. (Anm. V,7), S. 68f.
[10] *Karl Rahner,* a.a.O. (Anm. I,3), S. 197.
[11] *Jürgen Moltmann,* Gott in der Schöpfung. Ökologische Schöpfungslehre, München 1985, S. 27f.

VI. Auf der Suche nach dem Garten Eden

[1] *Klaus Michael Meyer-Abich/Bertram Schefold,* Die Grenzen der Atomwirtschaft. Die Zukunft von Energie, Wirtschaft und Gesellschaft. Vorwort und Nachwort: Nach der Katastrophe von Tschernobyl. Einleitung von Carl Friedrich von Weizsäcker, München [4]1986, S. 5f.

[2] *Klaus Michael Meyer-Abich,* Wege zum Frieden mit der Natur. Praktische Naturphilosophie für die Umweltpolitik, München 1984, S. 267.

[3] Nach *Paul Hawken,* Der Zauber von Findhorn. Ein Bericht, Reinbek 1985, S. 170ff.

[4] *Ebenda,* S. 108.

[5] *Ebenda,* S. 120f.

[6] *Kardinal Newmann,* zitiert nach *Alfons Rosenberg,* Engel und Dämonen. Gestaltwandel eines Urbildes. Mit einem Vorwort von Otto Betz; München [2]1986, S. 319f.

[7] Katholischer Erwachsenenkatechismus. Das Glaubensbekenntnis der Kirche. Herausgegeben von der *Deutschen Bischofskonferenz,* Kevelaer u. a. 1985, S. 112.

[8] *Alfons Rosenberg,* a.a.O. (Anm. VI,6), S. 318f.

[9] *Klaus Michael Meyer-Abich,* a.a.O. (Anm. VI,2), S. 184.

VII. Die Transformation unseres Geistes

[1] *Michael Haller,* »Wir steigen in den Himmel auf«, in: Der Spiegel, 10. Okt. 1983, S. 268, 269, 279.

[2] dt.: *Marilyn Ferguson,* Geist und Evolution. Die Revolution der Gehirnforschung, München 1986.

[3] *Marilyn Ferguson,* a.a.O. (Anm. I,1), S. 88–90.

[4] *Stanislav Grof,* zitiert nach *Geißler,* a.a.O. (Anm. II,3), S. 91.

[5] *Stanislav und Christina Grof,* Jenseits des Todes. An den Toren des Bewußtseins, München 1984, S. 30f.

[6] *Shirley MacLaine,* Zwischenleben, München 1984, S. 104.

[7] *Swami Prajnananda (Amma):* Das Geheimnis des Karma, in: *Stanislav Grof* (Hrsg.), Alte Weisheit und modernes Denken. Spirituelle Traditionen in Ost und West im Dialog mit der neuen Wissenschaft, München 1986, S. 77.

[8] *William Johnston,* Spiritualität und Transformation. Erneuerung aus den Quellen östlicher und westlicher Mystik, München 1986, S. 79.

[9] *Ebenda,* S. 67.
[10] *Ebenda,* S. 80.
[11] *Ebenda,* S. 68–71.
[12] *Ignatius von Loyola,* Geistliche Übungen, Freiburg 1967, S. 84.
[13] *William Johnston,* a.a.O. (Anm. VII,8), S. 77f.

VIII. Naturwissenschaft und Spiritualität

[1] *Rainer Kakuska,* a.a.O. (Anm. IV,6), S. 10f. Vgl. zu den letzten Sätzen des Zitates auch: *Ken Wilber* (Hrsg.), Das holographische Weltbild. Wissenschaft und Forschung auf dem Weg zu einem ganzheitlichen Weltverständnis – Erkenntnisse der Avantgarde der Naturwissenschaften. Mit Beiträgen von *John R. Battista, David Bohm, Fritjof Capra, Ken Dychtwald, Marilyn Ferguson, Karl H. Pribram, Bob Samples, Reneé Weber, John Welwood, Ken Wilber.* München 1986.
[2] *Rupert Sheldrake,* in: *Gert Geißler,* a.a.O. (Anm. II,3), S. 161f.
[3] *Derselbe,* Die Theorie der morphogenetischen Felder, in: *Rainer Kakuska,* a.a.O. (Anm. IV,6), S. 111.
[4] *Rupert Sheldrake,* a.a.O. (Anm. V,8), s. 14.
[5] *David Bohm,* Die implizite Ordnung, in: *Rainer Kakuska,* a.a.O. (Anm. IV,6), S. 78f.
[6] *Ebenda,* S. 83f. Vgl. auch *David Bohm,* Die implizite Ordnung. Die Grundlagen eines dynamischen Holismus, München 1985.
[7] *Pierre Teilhard de Chardin,* zitiert nach *Günther Schiwy,* Teilhard de Chardin, Band I, München 1981, S. 206f.
[8] *Pierre Teilhard de Chardin,* Wissenschaft und Christus, Olten/Freiburg 1970, S. 78f.
[9] *Ebenda,* S. 80.
[10] *Ebenda,* S. 81f.
[11] *Ebenda,* S. 86f.
[12] *Ebenda,* S. 112f.

IX. Die Neuerschaffung der Welt

[1] *Pierre Teilhard de Chardin,* a.a.O. (Anm. III,3), S. 355.
[2] *Robert Muller,* Die Neuerschaffung der Welt. Auf dem Weg zu einer globalen Spiritualität, München 1985, S. 238f.
[3] *Ebenda,* S. 240.
[4] *Morris Berman,* in: *Rainer Kakuska,* a.a.O. (Anm. IV,6), S. 227ff.

[5] *William Thompson,* in: *Rainer Kakuska,* a.a.O. (Anm. IV,6), S. 224f.

[6] *Pierre Teilhard de Chardin,* Einige Bemerkungen über die Menschenrechte (Paris, 22. März 1947, UNESCO 1949), in: *ders.,* a.a.O. (Anm. I,11), S. 253–256.

[7] *Fritjof Capra,* a.a.O. (Anm. II,5), S. 469.

[8] *Pierre Teilhard de Chardin,* Tagebücher II, Olten/Freiburg 1975, S. 263f. Siehe dazu auch: *Günther Schiwy* (Hrsg.), *Pierre Teilhard de Chardin,* Briefe an Frauen, Freiburg 1987.

[9] *Virginia R. Mollenkott,* Gott eine Frau?, München 1985.

[10] *Marilyn Ferguson,* a.a.O. (Anm. I,1), S. 264.

[11] *Catharina J. M. Halkes,* Gott hat nicht nur starke Söhne. Grundzüge einer feministischen Theologie, Gütersloh [3]1982, S. 26f.

[12] In *Rainer Kakuska,* a.a.O. (Anm. IV,6), S. 62.

[13] *Fritjof Capra,* a.a.O. (Anm. II,5), S. 451. Vgl. *A. B. Lovins,* Sanfte Energie. Das Programm für die energie- und industriepolitische Umrüstung unserer Gesellschaft, Reinbek 1978.

[14] *Klaus Michael Meyer-Abich/Bertram Schefold,* a.a.O. (Anm. VI,1) S. 183f.

[15] Siehe dazu *Alexander Roßnagel,* Bedroht die Kernenergie unsere Freiheit. Das künftige Sicherungssystem kerntechnischer Anlagen, München 1983; *ders.,* Radioaktiver Zerfall der Grundrechte? Zur Verfassungsverträglichkeit der Kernenergie, München 1984.

[16] *Fritjof Capra,* a.a.O. (Anm. II,5), S. 454ff. Siehe dazu auch: *Rolf Bauerschmidt,* Kernenergie oder Sonnenenergie, München 1985.

[17] *Morris Berman,* a.a.O. (Anm. II,4), S. 243f.

[18] Stellungnahme »Tschernobyl: Mahnmal und Scheideweg« der »Solidarischen Kirche Westfalen-Lippe«, zitiert nach: Evangelische Kommentare, 8/1986, S. 480f.

[19] Süddeutsche Zeitung, 1. Dez. 1986, S. 6.

[20] Ebenda, 6./7. Dez. 1986, S. 5.

[21] Instruktion der *Kongregation für die Glaubenslehre* über die christliche Freiheit und die Befreiung. 22. März 1986. 2., verbesserte Auflage. Herausgeber: Sekretariat der Deutschen Bischofskonferenz. Kaiserstr. 163, 5300 Bonn 1, S. 40.

X. Christentum und neues Bewußtsein

[1] Nach *Hugo M. Enomiya-Lassalle,* Leben im neuen Bewußtsein. Ausgewählte Texte zu Fragen der Zeit. Herausgegeben und erläutert von Roland Ropers, München 1986, S. 131–134.

[2] *Hugo M. Enomiya-Lassalle,* ebenda, S. 25, 62f., 120, 122ff.

[3] *Marilyn Ferguson,* a.a.O. (Anm. I,1), S. 28.

[4] *Fritjof Capra,* a.a.O. (Anm. II,5), S. 338f.

[5] *Karl Rahner,* a.a.O. (Anm., I,3), S. 180–202.

[6] Katholischer Erwachsenenkatechismus, a.a.O. (Anm. VI,7), S. 94.

[7] L'Osservatore Romano, deutsche Ausgabe vom 19. Juni 1981.

[8] *Johannes Paul II.,* a.a.O. (Anm. II,12), S. 65f.

[9] *Marilyn Ferguson,* a.a.O. (Anm. I,1), S. 28.